# Service Communication

서비스 커뮤니케이션의 완성을 위한 노하우

# 서비스 커뮤니케이션

강선아·홍지숙·김애경 공저

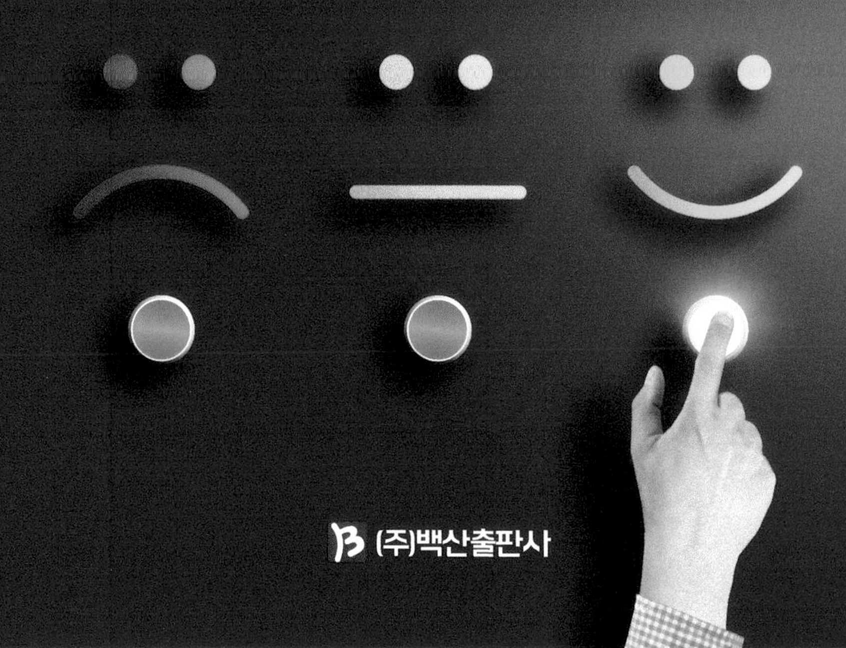

(주)백산출판사

# 추천의 글

트렌드를 앞서가는 서비스 커뮤니케이션 분야 최고의 도서!!

– 서울문화예술대학교 항공서비스학과 교수 **이길자**

나의 일상이 늘 똑같다면, 나의 말 한 마디부터 변화해 보자. 내일이, 일주일이, 일 년이, 일생이 달라질 것이다. 이 책의 첫장을 넘기는 순간, 내일이 달라질 것이다.

– 중국산동사범대 항공승무원학과 한국입학처 대표 **이지연**

국내 대형항공사 캐빈서비스 실무 경력과 10여 년에 걸친 항공서비스과에서의 교육을 통해 분명히 깨달은 것은 서비스를 제공할 때 커뮤니케이션이 중요하다는 점입니다.

본 책은 최근 변해가는 서비스 동향에 맞추어 커뮤니케이션에 관련된 구체적인 내용과 시각 자료들을 제공하고 있어 서비스 분야 취업준비생들뿐만 아니라 사람의 마음을 움직이는 의사소통 능력이 필요한 현직 서비스 종사자나 직장인들이 커뮤니케이션 능력을 향상시키는 데 도움이 될 것입니다.

– 서영대학교 항공서비스과 교수 **김자현**

말을 잘하고 경청을 잘하는 사람이 성공한다. 사람은 대화를 통해 의사소통을 하며 상대방의 마음을 움직인다. 성공의 기회는 사람의 마음을 움직이는 스킬이 뛰어나고 자신의 마인드 컨트롤을 잘하는 사람에게 온다. 우리는 성공하고 싶어한다. 성공하면 행복할 것이라 생각한다.

성공과 행복은 내가 만드는 것이고 성공을 위해 나 자신이 해야 할 것은 변화와 노력이다. 그 변화와 노력은 바로 행복이 들어올 수 있는 길을 만들어 주는 것이다. "나는 원래 이래요"라고 말한 적이 있다면 성공에서 점점 멀어진다고 생각하면 된다. 변화가 없는 사람은 행복 할 수 없다. 성공하는 방법은 무엇일까?

자신의 표정과 말투를 점검하라. 그리고 지금부터 웃어보자. 행복해서 웃는 게 아니라 웃어서 행복하다. 행복하면 성공한 것이다. 지금 웃고 있는 사람은 이미 성공했다.

이 책은 서비스관련 전공자들에게 자신의 잘못된 커뮤니케이션 습관, 마인드의 변화로 목표에 대한 동기부여가 되고 성공의 시작으로 가길 바라는 마음이 담겨있다. 꼭 나 자신을 위해 변화하기를 바란다.

## 제1장 서비스 커뮤니케이션이란? 캡스톤 디자인이란?



## 제2장 전달력을 위한 커뮤니케이션 스킬

## 제3장 호감 가는 커뮤니케이션을 위한 스킬



## 제4장 친절한 커뮤니케이션을 위한 스킬



## 제5장 공감 커뮤니케이션

## 존중 커뮤니케이션

## 제15장 감성 커뮤니케이션



## 제16장 스피치 스킬

# Service Communication

제 1 장

# 서비스 커뮤니케이션이란?<br>캡스톤 디자인이란?

Service Communication

## 서비스 커뮤니케이션이란?

서비스를 위한 상대방 즉 고객과의 의사소통

**언어 커뮤니케이션**

언어란? 의사소통

**비언어 커뮤니케이션**

행위

(표정, 시선처리, 손짓언어, 몸짓언어 / 제스처)

**통신 커뮤니케이션**

전화, 편지 / 이메일, 문자 / SNS, 챗봇, 댓글, 줌 미팅 등

# 서비스 커뮤니케이션이란?<br>캡스톤 디자인이란?

## 언어 커뮤니케이션

언어란 음성언어인 말과 문자언어인 글을 포함한 것이다.

커뮤니케이션이란 말, 글, 표정, 행동표현 등 상호 간에 서로의 생각을 전달하거나 소통을 위해 이루어지는 것을 말한다.

언어는 생각이나 감정을 전달하는 도구이다. 의사소통을 통해 상대방을 이해시키기도 하며 여러 감정을 설명할 수 있다. 언어 커뮤니케이션은 서비스 현장에서 고객을 대할 때 어떻게 커뮤니케이션을 하느냐에 따라 고객에게 존중의 감정을 전달할 수 있는 방법이기도 하다. 내용적 측면과 음성적 측면으로 목소리와 관련한 발성, 발음, 호흡, 말의 속도 등이 전달력과 신뢰감을 좌우한다.

### » 왜 긍정의 언어와 긍정의 마인드로 고객을 대해야 하는가?

1) 언어(말)의 힘&전파력 – 언어(말)의 힘과 전파력은 대단히 강하다.
2) 자기 자신과 상대방에게 전달하는 긍정적인 언어는 큰 힘이 된다.
3) 서비스 커뮤니케이션에서 고객을 응대하는 언어는 서비스 감동과 고객만족을 이끌고 충성고객을 만들 수 있다.

## » 피그말리온 효과(Pygmalion effect) 긍정

긍정적으로 생각하는 기대나 관심 등이 그 사람에게 좋은 영향을 미치는 효과를 말한다. 어떠한 일이 잘될 것이라고 격려하거나 생각하고 기대하게 되면 잘되고, 안될 것으로 기대하게 되면 안되는 경우를 말하는데 자기 충족적 예언 self-fulfilling prophecy과 통하는 말이다.

어떤 일에 있어서 본인이 간절히 바라고 원한다면 그 원하는 바를 이룰 수 있다는 의미로 그리스 신화로부터 유래하였다.

**로젠탈 효과(Rosenthal Effect)**

1968년 하버드대 교수인 로젠탈은 미국의 초등학교 학생들 대상으로 피그말리온 효과에 대한 실험을 했다. 전체 학생을 대상으로 지능검사를 실시한 후, 성적과 상관없이 20%의 학생들을 무작위로 선발하여 교사들에게는 우수한 학생들이라 전했다. 8개월 후, 교사의 칭찬과 기대, 격려를 받았던 학생들은 실제로 성적이 향상되어 피그말리온 효과를 증명했다.

### » 스티그마 효과(Stigma effect) 부정

한번 나쁜 사람으로 인식되면 자신 스스로 나쁜 행동을 하게 되는 효과를 말하는데 낙인 효과烙印效果라고도 한다. 사회적 규범에서 벗어나는 일탈행동을 설명할 때 주로 사용하기도 한다.

### » 긍정 마인드가 주는 결과

스탠퍼드 대학 심리학과에서 실시한 실험 결과이다. 한쪽에게는 청소도 운동이라 청소를 하면 건강해지고 칼로리 소모가 크다고 알려주고 다른 쪽에는 아무것도 알려 주지 않았다. 그랬더니 청소도 운동으로 생각하고 했던 그룹에서 몸무게와 건강지표가 월등히 좋아졌다는 결과가 나왔다고 한다. '청소는 힘든 일이야'라고 생각하지 않고 '청소도 운동이야'라는 긍정적인 생각만으로도 훌륭한 결과가 나올 수 있다.

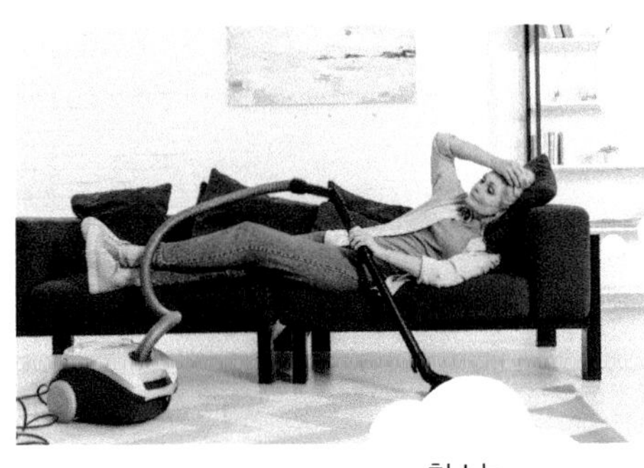

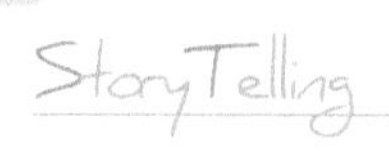

## 피그말리온 효과(Pygmalion effect)의 유래

매일 거울을 보며 반복적으로 자신을 칭찬해서 좋은 효과를 얻게 하는 것을 말하며 로젠탈 효과라고도 하는데, 상사나 동료들이 어떤 개인 또는 공동체에게 지속적으로 칭찬을 하면 그 기대로 인해 긍정적인 효과가 나타날 수 있다는 이론이다. 피그말리온은 그리스의 신화에서 키프로스의 왕인데 그는 뛰어난 조각가로 세상의 어떤 여성들을 봐도 마음에 들지 않았다고 한다. 아무리 찾아도 자신의 기준에 아름다운 여성을 찾지 못했다. 그래서 자신의 이상형인 여성을 조각하기로 마음 먹고 정성을 들여 조각상을 만들었는데 너무 아름답게 조각해서 그 조각상과 사랑에 빠졌다고 한다. 그 조각상에게 '갈라테아'라고 이름을 만들어 주고 팔찌, 목걸이 등 장식품들을 걸어 주며 자신만의 행복을 찾았다. 그러던 피그말리온은 아프로디테 여신의 축제일에 황소를 제물로 바치고 자신의 소원을 들어달라고 부탁을 하게 된다. 그 소원은 자신의 조각상과 닮은 여성을 만나게 해달라는 소원이었고 간절히 바랐다. 그런 후 그는 다시 돌아와 그 조각상을 끌어 안는 순간 아름다운 조각상으로부터 따스함을 느끼게 된다. 그가 조각상의 입술에 키스를 했는데 기적이 일어난 것이다. 조각상의 심장이 뛰고 체온이 느껴졌는데 너무 아름다운 여성으로 변해있었다. 이후 피그말리온은 갈라테아와 결혼해 행복한 삶을 살게 된다는 신화이다. 이 신화는 불가능한 일도 간절히 원하고 꿈꾸면 반드시 이루어진다는 교훈이 있다. 불가능한 일이라 생각되어도 간절히 원한다면 꼭 이루어진다는 것이다. 자신의 인생에서 불가능할 것 같은 기적을 만든 피그말리온의 이야기처럼 원하는 일들에 간절함을 가지고 긍정적인 생각을 한다면 기회는 오고 꼭 이루어질 것이다.

### » 언어(말)와 관련된 속담

**– 어린아이의 말일지라도 귀담아 들어야 한다.**

(말을 받아들일 줄 아는 총명함이 있다면 당연히 어린아이의 말일지라도 받아들인다는 뜻)

**– 호랑이도 제 말하면 오고, 사람도 제 말하면 오는 법이다.**

(사람이 없는 곳에서 그 사람에 대해 함부로 말을 해서는 안 된다는 뜻)

**– 남의 잔치에 감 놔라 배 놔라 한다.**

(그 지위에 있지도 않으면서 함부로 이래라저래라 간섭하면 안 된다는 뜻)

**– 가는 말이 고와야 오는 말도 곱다.**

(남에게 말이나 행동을 좋게 해야 자기에게도 좋은 반응이 돌아온다.)

**– 말 한마디에 천 냥 빚도 갚는다.**

(말만 잘하면 어려운 일이나 불가능한 일도 해결할 수 있다.)

**– 발 없는 말이 천 리 간다.**

(말이란 순식간에 멀리까지 퍼져 나가므로, 조심하라는 뜻)

출처 : 『이담속찬』 '우리나라 속담(東諺)'

## » 플라시보 효과(Placebo effect)란?

플라시보 – '기쁨을 주다', '즐겁게 하다'라는 라틴어에서 유래되었다.

의사가 환자에게 효과가 없는 가짜 약 또는 거짓 치료법을 환자에게 제안했을 때 환자의 긍정적인 마음 때문에 병세가 호전된다는 현상이다.

**플라시보 효과(Placebo effect) 실험**

일반인에게 노인을 연상시키는 단어와 젊은이를 연상시키는 단어를 주고 걸음걸이를 측정했다. 그 결과 노인과 관련된 단어를 본 사람들은 실험 전에 비해 평균 2.32초 늦게 걸었고, 젊음에 관련된 단어를 본 사람들은 2.46초 더 빨리 걸었다고 한다. 그리고 더욱 놀라운 사실은 실험에 참여한 그 누구도 자신의 변화를 눈치 채지 못했다는 것이다.

출처 : 경기신문(https://www.kgnews.co.kr)

제2차 세계대전 중에 약이 부족한 상황에 전분이나 설탕물을 약이라고 부상병에게 주면 병세가 정말로 좋아지는 경우가 종종 있었다고 한다. 자신의 병이 나을 것이라는 긍정적인 마음이 병을 낫게 한다는 것으로  이것을 '플라시보 효과(placebo effect)'라고 한다. 긍정의 마음이나 생각이 주는 영향으로 인해 엔돌핀이 많이 분비되어 몸과 마음 모두 좋아지는 효과가 있다는 것이다. 이렇듯 긍정의 힘은 때론 병이 낫기도 목숨을 연장하기도 불가능한 일이 가능한 일이 되기도 한다.

## » 노시보 효과(Nocebo effect)란?

진짜 약을 처방해도 그 약이 해롭다고 생각하거나 효과가 없을 것이라는 환자의 부정적인 믿음 때문에 약효가 떨어지는 현상을 말한다.

의학에서는 환자 자신의 심리상태 여부에 따라 완치가 결정된다고 한다. 따라서 좋은 약을 사용해도 환자의 마음에 의심이 있다면 치료가 되지 않는 현상을 말하는데 플라시보 효과Placebo effect와 반대되는 개념이기도 하다.

1950년대 포르투갈 리스본의 항구에 도착한 한 선박의 냉동 창고 안에서 어떤 선원의 시체가 발견되었다. 그 선박은 영국의 항구에 와인을 하역한 후에 되돌아온 선박이었다. 사망했던 선원의 사인은 냉동 창고의 벽에 아주 상세히 기록되어 있었다고 한다.

그 선원은 하역 작업 후에 같이 일하던 동료 선원의 큰 실수로 인해 냉동 창고 안에 감금되었는데 엄청난 추위와 공포, 그리고 고통을 느끼며 몸이 점점 얼음덩어리처럼 굳어 가고 있는 자신의 상황을 상세히 적어놨던 것이다. 그런데 당시 사건 현장을 조사하던 선장은 이상한 사실 하나를 발견하게 된다. 선원이 얼어 죽은 그 냉동 창고의 실내 온도는 영상 19도였던 것이다. 영국에서 와인을 하역한 후 리스본으로 향할 때 냉동 창고의 전원을 꺼 놓았기 때문이었다. 냉동 창고는 공간이 굉장히 넓어 공기도 충분했으며, 심지어 식량도 있었다고 한다. 결국 선원을 사망하게 한 원인은 바로 자기 자신이 추운 냉동 창고 안에 갇혀 죽을 것이라는 부정적인 생각이었다. 이 이야기처럼 부정적인 생각으로 인해 부정적인 결과를 낳는 현상을 심리학에서 '노시보 효과Nocebo effect'라고 말한다.

**노시보 효과(Nocebo effect) 실험**

독일은 전쟁 중에 사형수를 직접 죽이지 않고 사형할 수 있는 방법을 실험했다. 먼저, 사형수의 눈을 가린 후 몸에 장치를 부착하고 팔목에 주사바늘을 꽂았다고 한다. 그러고 나서 조금씩 사형수의 혈액을 빼 낼 거라 말해 주었다. 사형수에게 혈액이 떨어지는 소리를 들려주니 혈압이 조금씩 떨어지고 심장도 멈추었다. 마침내 사형수는 죽을 것이라는 생각에 그대로 사망했다고 한다.

노시보 효과는 다른 사람들에게 급속한 속도로 전염되기도 한다. 1998년 미국 테네시주 어느 고등학교에서 일어난 사건이 대표적인 사례인데 당시 한 교사가 휘발유 냄새 같은 것을 맡았다며 두통과 호흡곤란 등을 호소하자 학생과 동료 교사 100여 명이 비슷한 증상을 보여 학교에 긴급 폐쇄 조치가 내려졌다고 한다.

- **플라시보 효과(Placebo effect)의 스토리처럼 긍정적인 생각으로 긍정적인 결과를 낳은 자신의 사례는 무엇입니까?**

- **노시보 효과(Nocebo effect)의 스토리처럼 부정적인 생각으로 부정적인 결과를 낳은 자신의 사례는 무엇입니까?**

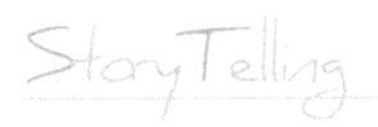

## "모두 내 책임" 기장의 진심 어린 사과 멘트

### 제주에서 김포로 향하는 에어부산 국내선 여객기 1시간 지연

"승객을 좀 더 태워 보겠다고 220석을 들여왔습니다.
승객 여러분들 타는 데도 더 오래 걸리고 내리는 데도 오래 걸리고 시간을 맞출 수가 없다고 했습니다.
모든 책임을 지고 있는 기장의 잘못입니다.
제가 사과드리겠습니다.
저희 항공기는 지금 갈 수 있는 최대 속도로 가고 있습니다."

(3분 동안 이어진 방송 후 동료를 생각하는 따뜻한 멘트가 이어진다.)

"죄송하다고 외치고 있는 승무원들 예쁘게 봐주시기 바랍니다.(승객들 박수)
감사합니다. 빠르고 안전하게 모시겠습니다."

**- 승객의 컴플레인이 생길 수 있는 상황에서 진심 어린 멘트로 사과를 드려 오히려 승객들에게 감동을 주었다.**

## » 긍정의 명언

성공하려면 실패해야 한다. 그래야 다음 번에는 무엇을 더 잘해야 할지 안다.

– 앤서니디엔젤로 –

당신이 할 수 있다고 믿든 할 수 없다고 믿든, 당신이 믿는 대로 될 것이다.

– 헨리포드 –

불가능이라는 말을 절대 하지 마라. 그냥 쓰레기통에 던져버려라.

– 괴테 –

할 수 있다는 믿음을 가지면 그런 능력이 없을지라도
결국에는 할 수 있는 능력을 갖게 된다.

– 간디 –

희망으로 가득 찬 사람과 교류하라. 창조적이고 낙관적인 사람과 소통하라.
긍정적이고 능동적으로 행동하라. 그리고 그런 사람을 자신의 주변에 배치하라.

– 노먼 빈센트 필 –

할 수 없다고 믿으면 정말 할 수 없다. 그러나 할 수 있다고 믿으면 정말 해낼 수 있다.

–

할 수 있는 게 없다고 말하는 사람은 아무것도 실행하지 않는 사람일 가능성이 높다.

–

긍정적인 사람은 한계가 없고, 부정적인 사람은 한 게 없다.

과제

# 피그말리온 효과(Pygmalion effect)
# 플라시보 효과(Placebo effect)
# 커뮤니케이션 실무

나는 누군가에게 "넌 할 수 있어", "넌 꼭 그렇게 될 거야" 등 긍정적인 표현을 한 경험이 있는가?

상대방이 나에게 긍정적으로 해준 격려로 인해 힘이 되고 동기부여가 된 적이 있는가?

## 과제

### 서비스 커뮤니케이션 향상을 위한 표현

(각 항목에 인물을 설정 / 문항당 다른 인물을 설정)

진심 어린 칭찬을 하라.

진정성 있는 감사 표현을 하라.

관심을 보이는 질문을 던져라.

나의 일처럼 축하하라.

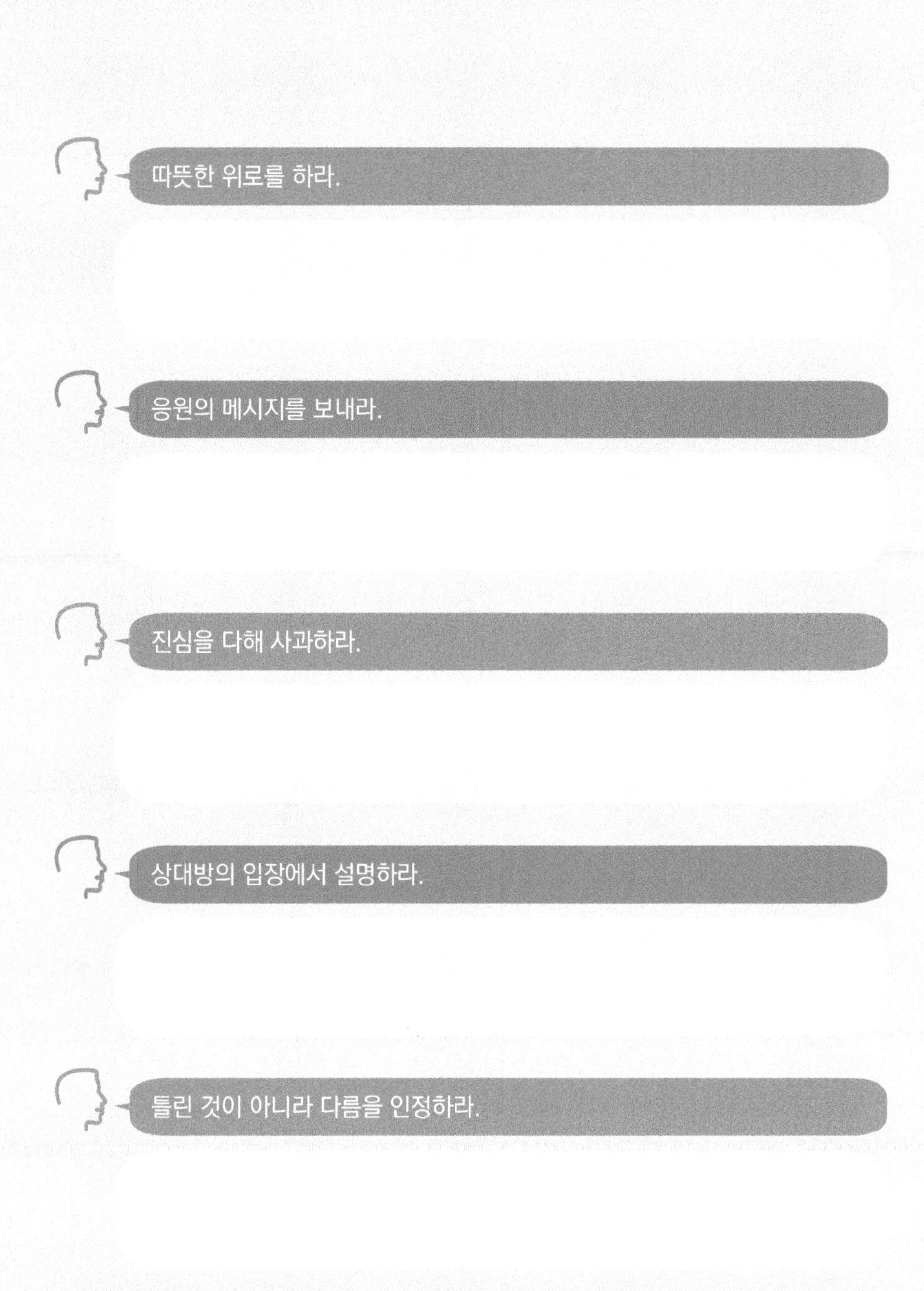
따뜻한 위로를 하라.
응원의 메시지를 보내라.
진심을 다해 사과하라.
상대방의 입장에서 설명하라.
틀린 것이 아니라 다름을 인정하라.
부러우면 지는 것이 아니라 방법을 물어 벤치마킹 하라.

과제

## 표현 실습

나의 평범한 일상에서 언제 감사함을 느끼는가?

감사한 사람들을 나열(5명)하고 감사한 이유는 무엇인가?

나는 상대방에게 어떤 말을 들었을 때 기분이 좋은가?

힘들고 지친 친구에게 힘이 되도록 보내는 메세지

## 2 비언어 커뮤니케이션

효과적인 커뮤니케이션을 위해 비언어 부분은 굉장히 중요하다.

고객 응대를 할 때 비언어 요소인 표정, 시선처리, 손짓 언어, 몸짓 언어, 제스처 등은 서비스 제공자가 고객에게 친절하고 매너 있는 감정을 주기도 하고 오해를 만들기도 한다.

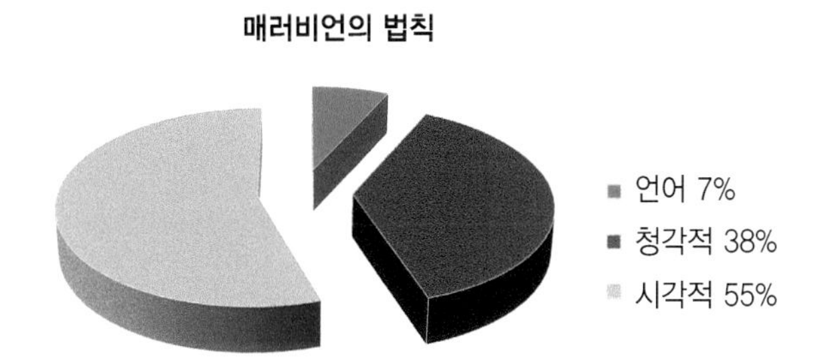


매러비언 법칙에 의하면 비언어적 요소인 시각적 요소가 55%로 더욱 강하지만 7%의 언어적 요소로 인해 고객이 등을 돌릴 수가 있다.

서비스 현장에서는 언어적 · 비언어적 요소 모두 중요하다. 그래서 언어적인 부분과 비언어적 부분이 일치해야 서비스 커뮤니케이션에서 고객 만족을 이끌 수 있다.

## » 비언어 커뮤니케이션 요소

### 1) 표정

서로 대화를 나누기 전 사람들은 얼굴에 나타난 표정으로 그 순간 상대방을 판단하기도 한다. 예쁘다, 아름답다, 호감형이다, 첫인상이 좋다, 친절하다, 화가 난 것 같다, 안 좋은 일이 있는 것 같다, 얼굴이 어둡다, 아픈 것 같다 등등 때로는 자신의 진짜 감정과 다르게 상대방을 판단하기도 한다. 정작 본인은 아무렇지 않은데 불편한지 물어보기도 하고 불편한 자리에서 웃으려고 애쓰기도 한다. 서비스 현장에서 마음 속에 담겨 있는 감정이 얼굴에서 드러나는 사람들이 있다. 하지만 이것을 컨트롤 할 수 있는 사람이 진정한 서비스인이라는 사실을 기억해야 한다.

**● Q1 나는 순간 순간 좋은 감정과 싫은 감정이 얼굴에 표현되는가?**

**● Q2 평소에 주변 사람들에게 "화났니?", "무슨 일 있니?"라는 질문을 받아본 적이 있는가?**

## » 미소의 중요성

"행복해서 웃는 게 아니라 웃어서 행복하다"

- ▶ 나의 첫인상을 결정짓는 매우 중요한 요인
- ▶ 미소는 상대방에 대한 존중의 표현 방식
- ▶ 의사소통 시 호감과 신뢰감 더해 주는 요인 중의 하나
- ▶ 미소는 메이크업의 완성(미소는 호감도를 상승시키는 중요한 요인)
- ▶ 마인드 컨트롤과 스트레스 지수 저하 요인
- ▶ 상대방은 외모보다 미소를 기억하는 자극이 더 강함
- ▶ 진정한 서비스인이 고객을 대할 때 갖춰야 할 필수 요인

## » 거울 뉴런(Mirror neuron) 효과

1996년 신경심리학자인 리촐라티Giacomo Rizzolatti 교수는 원숭이에게 다양한 동작을 시켜보며 뉴런이 어떻게 활동하는가를 관찰하고 있던 중 흥미로운 사실을 발견한다. 한 원숭이가 아이스크림을 들고 있는 한 연구원을 보고 마치 자신이 아이스크림을 들고 있는 듯한 반응을 보이는 것이다. 왜 원숭이들은 들고 있지도 않은 아이스크림을 자신이 들고 있는 것 같은 반응을 보였을까? 사람들도 마찬가지로 만약 하품을 하게 되면 연쇄작용으로 옆 사람까지 하품을 하게 되는 현상과 춤을 추면 옆 사람도 춤을 추게 되고 옆 사람이 눈물을 흘리면 따라 울게 되거나, 박수를 치면 따라 치게 되는데 이렇듯 나 자신이 먼저 미소를 상대방에게 보이면 거울 뉴런의 효과로 인해 상대방도 웃게 될 것이다.

여러분도 상대방에게 미소를 보이며 거울 뉴런의 효과를 주면 어떨까요?

## » 미소 훈련

① 먼저 입 근육을 푼다.

입모양을 좌/우/위/아래 반복적으로 움직이고 볼에 바람넣기, 양쪽 볼에 왕사탕을 물었다고 생각하고 좌/우로 사탕물기 운동을 한다.

② 입꼬리는 천천히 볼을 민다는 느낌으로 밀어준다.

③ 아래에 제시된 미소 훈련 단어를 반복한다.

④ 마음속으로 웃기거나 즐거웠던 상상을 한다. (Selfie 찍기 연습 Good!)

## » 미소 훈련 단어

개구리 뒷다리 / 코끼리 앞다리 / 호랑이 먹거리
강아지 네다리 / 어머니 주머니 / 아버지 보따리
할머니 저고리 / 키다리 아저씨 / 빈자리 채우기

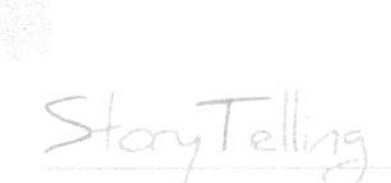


### 마스크 시대 맞춘 눈웃음, 스마일이 안 보여요, 스마이즈 하세요

마스크 착용이 일상화되면서 사람들이 웃는 모습을 보여줄 수 없게 되자, 얼굴에서 노출된 부위인 눈으로 웃는 '스마이즈(smize)'가 대안으로 떠오르고 있다고 월스트리트저널이 26일(현지 시각) 보도했다. 미국과 유럽의 호텔·식당·항공사 등 서비스 업종에서 이 스마이즈 훈련법이 빠르게 퍼지고 있다는 것이다. 스마이즈는 미소(smile)와 응시(gaze)를 합성한 신조어다. 서비스 업계가 기존에 훈련시켰던 '사회적 미소'의 정석은 다른 얼굴 부위의 힘을 빼고 입꼬리만 한껏 올리는 것이었다. 그러나 마스크로 입을 가리게 된 지금은 이마와 눈 주위 근육을 눈동자 쪽으로 집중시키고, 광대뼈를 마스크 위로 돌출되도록 끌어올려 눈웃음을 만드는 훈련으로 바뀌었다고 한다. 스마이즈는 2009년 미국의 유명 모델 타이라 뱅크스가 모델 선발 TV쇼에서 주장한 것이다. 그는 함부로 웃어선 안 되는 모델들에게 "오직 눈빛으로 기쁨과 열정을 뿜어내라"고 했다. 그런데 스마이즈는 오랜 연습이 필요하다고 한다. 연구에 따르면 입꼬리 근육은 아무 감정 없이도 올릴 수 있어 '가짜 미소'를 만들기 쉽지만, 눈 주위 근육은 행복한 감정이나 친절한 마음 없이는 움직이기 힘들다는 것이다. 이 때문에 호텔 직원 워크숍 등에선 "사랑하는 사람이나 감동적인 경험을 떠올리면서 스마이즈하라"고 가르친다고 한다.

출처 : http://news.chosun.com

## » 첫인상의 중요성

**미소는? 3초 안에 결정되는 나의 호감도**

**시선처리는? 자신감의 창**

## » 초두효과(Primacy Effect) & 빈발효과(Frequency Effect)

초두효과Primacy Effect란? 먼저 보여진 정보가 나중에 보여진 정보보다 더욱 강력한 영향을 미쳐 기억에 남는 것을 말한다. 그래서 첫인상이 중요하다. 초두효과처럼 먼저 들어온 정보가 나중에 들어오는 정보를 해석, 처리하는 기준이 되는 경우 맥락효과라고 한다. 어떤 사람에 대해 안 좋은 평가를 들었을 때, 평소 좋은 인상을 가졌던 사람에게는 '그럴리가 없어' 또는 '무슨 사정이 있겠지'라고 생각하는 데 비해 평소 좋지 않은 인상을 주던 사람에게는 '그럴 것 같았어', '그럼 그렇지'라고 생각하는 효과이다.

빈발효과Frequency Effect란 첫인상이 좋지 않게 반영되었다고 하더라도, 반복되는 행동이나 태도가 첫인상과는 다르게 되면 점점 좋은 인상으로 변하는 현상을 말한다. 처음에 반영된 그 사람의 이미지가 단단히 굳어져 버린다는 의미로 '콘크리트 법칙'이라고도 한다.

사람들은 긍정적인 인상보다 부정적인 인상을 더 잘 기억한다고 한다. 한번의 관계가 틀어져, 첫인상이 좋지 않게 형성된다면 회복하는 데 시간이 오래 걸리기 때문에 좋은 첫인상을 보여주려고 노력해야 한다.

### 2) 시선 – 자신감의 창 / 침묵의 대화법

상대방을 바라보는 시선의 방향에 따라 그 사람의 감정이 어떠한지 예측할 수 있다. 하지만 자신이 의도하지 않은 시선처리로 인해 오해가 생길 수 있고 진심이 담긴 시선처리는 진정성이 전해질 수도 있다. 올바른 시선처리는 첫인상에서 호감을 줄 수 있고 긍정적이고 적극적인 인상을 줄 수도 있다,

#### » 올바른 시선처리 & 시선 방향

**① 정면을 바라보는 시선**

올바른 시선처리, 미소와 함께 따뜻함을 담은 시선처리는 상대방에게 존중의 느낌까지 전달될 수 있다.

**② 위쪽을 바라보는 시선**

어떠한 생각이 나지 않을 때 나오는 시선처리

**③ 아래쪽을 바라보는 시선**

자신감이 없거나 의기소침해질 때 하는 시선처리

**④ 고개는 돌리지 않고 눈동자만 오른쪽 또는 왼쪽으로 보는 시선**

뭔가 불만이 있거나 하고 싶은 말을 참고 있을 때 나오는 시선처리

**⑤ 눈동자를 굴리는 경우, 심하게 깜빡거리는 경우**

긴장한 상대이거나, 현재 상황을 모면하고 싶을 때 나오는 시선처리

**⑥ 미간을 찡그리며 바라보는 시선**

상대방의 이야기를 경청할 때 불편함의 표현일 수 있지만 상황에 따라서는 공감의 표현이 될 수도 있는 시선처리

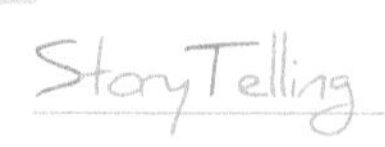


## 미국에서 통하는 손가락 언어

**- 양손을 V로 만들어 자기 어깨 가까이에 올린 다음, 까딱해보자.**

" " 따옴표를 의미하며, 강조하고 싶은 말이나 다른 사람의 말을 인용할 때 사용, 혹은 과장된 말을 장난으로 할 때 사용합니다.

**- 검지와 중지 사이에 엄지를 끼워 넣어보자.**

'아이가 귀엽다'는 표현을 할 때 사용합니다.

**- 검지와 중지를 펴서 꼬아보자.**

'당신에게 행운을 빕니다'를 의미합니다.

**- 가운데 손가락을 엄지손가락에 부딪쳐 '딱'소리를 내어보자.**

한국에선 어떤 기가 막힌 아이디어가 떠올랐을 때 취하는 제스처이지만, 미국에선 고양이나 개를 부를 때 하는 행동입니다.

**- 두 번째 손가락을 치켜세우자.**

한국에선 엄지손가락을 위로 향하게 세우는 것이 '최고', '찬사'의 의미를 담고 있으나, 미국에선 둘째 손가락이 '최고'의 뜻을 담고 있습니다.

출처 : https://astudykorea.tistory.com/45

### 3) 손짓언어

손짓언어는 말로 설명하지 않아도 방향이나, 위치에 대한 정보를 제공할 때 손짓만으로도 대화가 가능하다. 적당한 손짓언어와 커뮤니케이션이 조화를 이

룬다면 서비스 현장에서 서비스 제공자의 손짓언어로 고객은 존중감을 느낄 수도 있다.

#### » 방향을 가리킬 때

"화장실은 이쪽입니다", "매표소는 저쪽입니다."

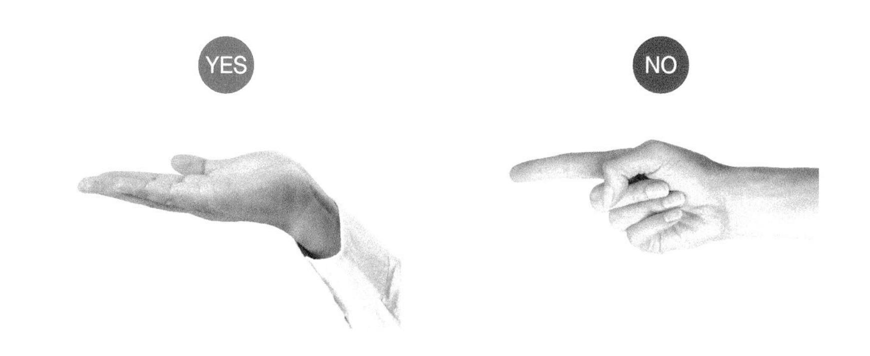


### 4) 몸짓언어 / 제스처

제스처의 사전적 의미는 "말의 효과를 더하기 위하여 하는 몸짓이나 손짓"으로 서비스 제공자의 몸짓언어나 제스처는 고객에게 중요한 감정 전달이 될 수 있는 중요한 태도로 고객을 대할 때 상황에 따라 주의하여야 한다.

비언어 의사소통 중 하나로 손이나 얼굴, 몸을 이용해 전달하는 의사소통이다. 언어적 의사소통과 함께 나타나기도 하는데 똑같은 제스처일지라도 국가나 지역, 문화 차이로 그 의미가 다를 수 있다.

동양에서 여성들은 수줍음의 표현으로 입을 손으로 가리고 웃기도 하고 말하기도 한다. 그런데 서양에서는 웃을 때나 대화할 때 입을 가리면 상대방을 무시하거나 진실성이 없다고 생각한다.

또한 우리는 "잘 모르겠어요"라는 표현을 할 때 머리를 긁적일 때가 있는데 서양 사람들은 어깨와 입술, 눈썹 등을 들어 올리는 제스처를 사용하기도 한다.

### » 고객을 대할 때 주의해야 할 행동들

- 팔짱을 끼고 짝다리를 짚는 태도
- 묻는 질문에 말없이 고개를 좌우로 또는 위아래로만 응답하는 태도
- 손을 턱에 괴고 대화하는 태도
- 손으로 코를 만지면서 대하는 태도
- 뒷짐을 지고 대하는 태도
- 고갯짓으로 방향을 지시하는 태도
- 목이나 어깨는 움직이지 않고 말로만 인사하는 태도

과제

## 서비스 현장에서 몸짓언어는 정말 중요하다.

직원이 팔짱을 끼고 짝다리를 하고 "어서오세요"라고 인사를 한다면 고객은 어떤 느낌을 받을까?

두 손을 가지런히 모으고 있다가 손바닥을 열어 보이면서 몸을 살짝 앞으로 내밀며 "고객님 ~ 남성복은 이쪽에 있습니다."라고 최선을 다해 응대하는 직원을 보면 고객은 어떤 느낌을 받을까?

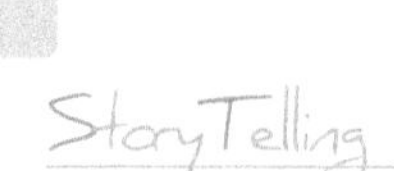

## 몸짓언어/ 제스처

이탈리아 말은 몰라도 몇 가지 손짓, 발짓은 반드시 알아둘 필요가 있다. 이탈리아 사람들만의 독특한 제스처를 알려준 사람은 레스토랑 '칼사 클럽(Kalsa Club)'을 운영하는 삼피노 살바토레(Sampino Salvatore)씨. 그가 온몸을 던져 '현지인 몸동작'을 몇 개 선보였다.

**1. 너 대체 뭘 원하는데?**

한 손을 들어 보이는 동작. 손가락을 새 부리처럼 모아 상대방의 눈 앞에 대고 적절히 흔들어 주자. 화가 나서 따지고 싶을 때 하면 효과가 있다.

**2. 대체 왜 그 모양이야?**

좀 더 화났을 때 하는 행동. 두 손을 모두 들어 강조한다. 격렬하게 따지고 싶을 때 쓴다.

**3. 없어!**

엄지와 검지를 들어 상대방을 놀리듯 흔들어 주는 센스.

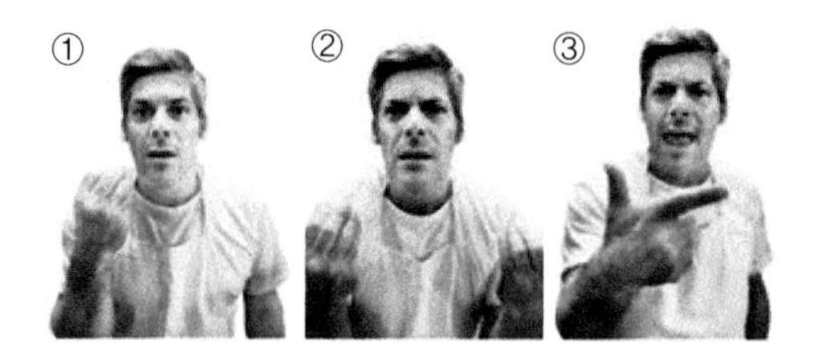

**4. 아니야!**

고개를 살짝 치켜들어 콧구멍을 보여줄 것. 혀로 입천장을 '쯧!' 하고 차면서 손가락을 입에 갖다 댄다. 약간의 연습을 요하는 동작. 자꾸 하다 보면 중독된다.

**5. 좋아!**

볼에 손가락을 살짝 꽂아주는 동작. 레스토랑에서 밥을 먹고 이 제스처를 주방장에게 보여주면 즐거워들 한다. 우리나라에서 함부로 선보이다간 귀여운 척한다고 욕먹기 좋다.

**6. 돈**

유로(Euro)화, 돈을 뜻하는 제스처. 흥정할 때 자주 쓴다. 손을 살짝 내리고, 은밀하게 손가락을 움직여 돈을 세는 동작을 보여주는 것이 포인트다.

출처 : 조선닷컴

## 3 통신 커뮤니케이션

사람 간의 의견, 지식, 감정, 내용전달을 위해 각종 자료를 포함한 정보를 주고 받는 행위이다. 컴퓨터 통신은 컴퓨터와 단말 장치 사이를 비롯, 컴퓨터와 사람 간에 또는 사람과 사람 사이에 정보전달이나 데이터, 메시지 등을 전달하는 것이다. 데이터 통신data communication, 통신 시스템communication system, 통신 네트워크communication network 등 많은 복합어가 중요한 의미를 갖고 있다. 우편, 전화, 이메일, 메신저 등 개인적으로 또는 업무적으로 중요한 정보나 자료를 유용하게 전달할 수 있다.

스마트폰의 등장으로 애플리케이션이 생겨났는데 앱이라 줄여 부르기도 한다. 애플리케이션은 채팅이 가능하도록 해 주는 앱부터, 버스나 지하철 도착 예정 시간을 알려주는 앱, 영어 · 중국어 등 외국어를 학습할 수 있는 앱, 카메라 촬영을 도와주고 앱 자체로 메이크업이나 헤어스타일을 선택할 수 있는 앱, 별자리를 알아볼 수 있도록 도와주는 앱, 건강 상태나 운동을 할 수 있도록 체크해 주는 앱에 이르기까지 사회 서비스 면에서도 큰 장점이 있다. 과거에는 음식을 배달하거나 항공권이나 기차표를 예매할 때, 전화번호를 찾거나 직접 전화를 걸어 사람과의 통화로 음식을 주문을 하거나 예약을 하였다.

하지만 이젠 앱을 통해 클릭함으로써 서비스를 이용할 수 있게 되었는데 물론 아직까지도 직접 전화를 이용하는 고객도 있기 때문에 서비스 현장에서의 통신 커뮤니케이션은 굉장히 중요하다. 서비스 제공자의 입장에서는 제공된 서비스에 고객이 더욱 쉽게 접근할 수 있고 고객이 만족할 수 있도록 하는 것이 기업에도 유리하기 때문에 애플리케이션 서비스를 제공하는 추세로 다양한 정보와 신속한 서비스 등을 제공받을 수 있다.

### 1) 전화 커뮤니케이션

전화 커뮤니케이션은 목소리로 첫인상이 결정되므로 상대방에게 의사 전달을 할 때 최대한 밝고 긍정적이며 예의 바르고 친절한 말투로 응대해야 한다. 얼굴은 보이지 않지만 회사와 개인의 이미지를 결정하는 중요한 수단이다. 고객접점의 시작이라고 할 만큼 한 번의 통화로 주어지는 고객의 평가가 긍정적일 수 있도록 해야 한다. 보이지는 않지만 목소리에도 인격이 있으므로 상대방이 존중 받는 느낌이 들 수 있도록 응대할 때 답변 또한 중요하다.

#### » 전화응대 시 유의점

메모지는 항상 준비하고 수화기는 왼손으로, 오른손은 메모할 준비를 한다.

– 목소리 톤은 밝게 정확한 발음과 속도로 전달한다.

– 상대방의 이야기를 경청하고 적절하게 반응하는 자세도 중요하다.

– 다른 직원에게서 정보를 얻어야 할 경우 통화상대가 들리지 않도록 한다.

– 부재중인 직원에게 전달해야 하는 내용이라면 자세히 메모한다.

–상대방이 먼저 통화를 끊었는지 확인 후 끊도록 한다.

#### » 메모 시 기록사항

"죄송합니다만, 잠시 외출하셨습니다. 5시에 돌아올 예정이십니다.
메모를 남겨 드릴까요?"

– 전해 줄 담당자

– ○월 ○일 ○시 ○분 / 날짜와 시간 / 내용

– ○○○○○로부터 연락 / 상대방의 이름 / 상대방 연락처 / 전달 담당자 이름

## » 전화 커뮤니케이션 시 주의해야 하는 표현들

**• 상대방의 이야기가 잘 들리지 않을 때**

전화가 안 들려요. 다시 하세요. (X)
전화가 잘 안 들립니다. 죄송하지만 다시 전화 주시겠습니까? (O)

– 제가 담당이 아니라서 잘 모르겠는데요. (X)

– 아까 말씀 드렸잖아요. (X)

– 못 알아 들으시겠어요? (X)

– 지금 3번째 말하는 것이거든요? (X)

– 없습니다. 안됩니다. 모릅니다. (X)

* 만약 통화 중에 전화가 끊어지면 전화를 건 사람이 걸 때까지 기다린다.

**• 다른 담당자와 연결해 줄 때**

바꿔 드릴께요. 끊지 마세요. (X)
죄송하지만 어디시라고 전해드릴까요? (O)
네 곧 연결해 드리겠습니다. 잠시만 기다려 주십시오.

**• 통화 중 기다리게 할 때**

지금 통화 중이에요. 기다리실래요? (X)
지금 통화 중이신데 죄송하지만 다시 전화 주시겠습니까? (O)
지금 통화 중이신데 메모를 남겨 드릴까요?

• **잘 모르는 내용을 문의할 때**

제가 담당자가 아니에요. 담당자 바꿔 드릴께요. ✕

죄송하지만 더 정확한 정보를 받으실 수 있도록 담당자를 바꿔드려도 될까요? ○

• **늦게 받았을 때**

네 여보세요? ✕

늦게 받아 죄송합니다. ○○○의 ○○○입니다. ○

• **잘못 수신된 경우**

말씀하신 데 아니에요. 확인하고 거세요? ✕

전화 잘못 거셨습니다. 여기는 000입니다. ○

**깨진 유리창의 법칙**

1982년 범죄 현상을 다루던 범죄학자 윌슨(James Q. Wilson)과 조지 켈링(George L. Kelling)이 만든 개념으로 유리창이 깨진 자동차를 귀찮아서 방치했더니 어느 사이 부품들이 사라져 형편없이 엉망인 자동차가 되었다. 사소하게 생각했던 하나의 일을 방치하면 나중에는 더욱 큰 문제로 이어질 수 있다는 이론이다. 우리 주변에서도 쓰레기통이 아닌 곳에 누군가 쓰레기를 버리기 시작하면 그곳은 순식간에 쓰레기장으로 변해 버리는 현상을 말한다.

* 서비스 커뮤니케이션에서는 고객을 응대하는 서비스 제공자의 한마디, 한마디가 굉장히 중요하므로 깨진 유리창의 법칙처럼 작은 실수라도 개선하지 않고 방치하면 고객은 다시 돌아오지 않고 마음을 돌린 고객의 마음을 변화시키기까지 오랜 시간이 걸린다는 것을 기억해야 한다.

## 2) 편지/이메일

언어(말)로써 의사나 감정을 전달할 수 있지만 말뿐만 아니라 글로도 전달할 수 있다. 편지에 의한 커뮤니케이션도 매우 중요하다고 할 수 있다. 문자를 사용하는 통신수단으로 팩스나 이메일도 활용하고 있다.

전자통신이 발달하면서 요즘은 손 편지를 쓰는 사람들이 줄었지만 때로는 자필 메시지나 편지로 상대방에게 진심이 전달될 수 있다.

* 대량으로 불특정 다수에게 광고성으로 전달되는 스팸메일(spam mail)이나 정크메일(junk mail)은 악성코드, 각종 사이버범죄에 활용되기도 한다. 스팸메일의 유래는 통조림 '스팸'의 광고 전단을 대량으로 뿌려서 되었다라는 이야기도 있고 미국에서 1970년대에 방영한 인기 코미디쇼에서 시작했다는 설이 있다. 이 쇼에서 '달걀과 스팸(Egg and Spam)', '감자튀김과 스팸(Chips and Spam)', '달걀과 감자튀김과 스팸(Egg, Spam, Chips and Spam)' 등 반드시 스팸이 들어간 음식을 파는 식당의 극중 인물들이 스팸을 외쳐 주변을 시끄럽게 했기에 인터넷 사용자들에게 반복적이고 무분별하다라는 의미로 스팸을 쓰기 시작했다는 이야기가 전해진다.

### 느린 우체통

기다림의 의미를 되새기고 추억을 만들기 위해 지방자치단체와 공공기관에서 추억을 기념할 만한 장소에 설치한 우체통이다. 우편물에 사연을 적어 보내면 6개월이나 1년 뒤 주소지로 배달해 준다. 우정사업본부가 운영하는 정식 우체통은 아니지만 자신의 추억을 만들 수 있다.

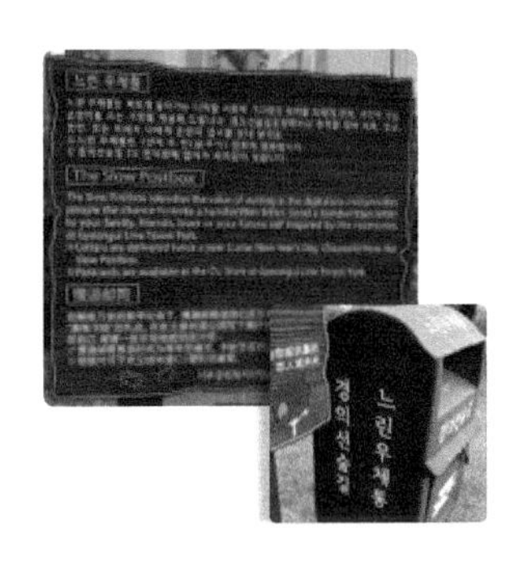


## 3) 문자/SNS

단문 메시지 서비스Short Message Service를 말하는데 휴대전화를 이용하여 보내는 짧은 글로 SMS 단문 메시지, 문자라고도 한다.

소셜 네트워크 서비스Social Networking Service, SNS 또는 Social Media, 소셜 미디어는 사용자 간의 의사소통과 정보 공유, 사회적 관계를 형성해주는 온라인 플랫폼이다. 띄어쓰기나 어미가 무시되기도 하고 감정 표현을 위해 이모티콘이 사용되기도 한다.

### 참고 1) 문자메시지의 예

**참고 2) 경상도 사투리 문자 해석**

같은 내용의 문자도 지역적으로(사투리) 다르게 해석되기도 한다.

지금 학교 가

경상도 : 지금 학교에 있니?

서울 : 지금 학교에 가고 있니?

## » 따뜻한 문자/SNS 실습

다음의 문장을 그대로 전송하고 받은 답장을 발표해봅시다.

부모님께
나는 ㅇㅇㅇ의 (아들/딸)이라는 것이 너무 자랑스럽습니다.
ㅇㅇㅇ께 받은 사랑 열심히 노력해서 꼭 멋진 (아들/딸)로 성장해
보여드리도록 하겠습니다. 사랑합니다.

친한 친구에게
넌 나에게 멋진 친구라고 말하고 싶었는데 이제야 말하게 되네.
멋진 친구야! 고맙고 우리 파이팅하자!

어떤 답장을 받으셨습니까?

– 긍정적 답변을 받았다면

(예 : 나도 사랑해~, 고마워 등)

평소에 본인은 따뜻한 커뮤니케이션을 하는 사람입니다.

– 의외라는 답변을 받았다면

(예 : 무슨 일 있어? 오늘 왜 이래?)

자신을 반성해 보는 시간을 갖도록 합시다.

### 4) 챗봇

기업용 메신저에 채팅하듯 질문을 입력하면 인공지능AI이 빅데이터 분석을 바탕으로 일상언어로 사람과 대화를 하며 해답을 주는 대화형 메신저를 말한다. 페이스북의 페이스북 메신저, 텐센트의 위챗, 텔레그램, 킥의 봇숍, 슬랙사의 슬랙, 네이버웍스모바일의 운앱, 이스트소프트의 팀업 등이 이에 해당된다. 챗봇을 도입하면 기업은 인건비를 아끼고 업무시간에 상관없이 서비스를 제공할 수 있다는 장점이 있다. 하지만 개인정보 유출 등 부작용의 발생 가능성도 존재한다. 챗봇은 크게 인공지능형과 시나리오형으로 나뉜다. 시나리오형은 미리 정해 놓은 단어에 따라 정해진 답을 내놓기 때문에 보안 위험이 그리 크지 않다. 인공지능형 챗봇은 복잡한 질문에도 응답할 수 있고 자기학습도 가능하다. 하지만 이용자의 입력 단어에 의도치 않게 행동해 개인정보 유출, 피싱, 해킹 같은 보안 위협에 취약한 것으로 평가된다.

A씨는 에어컨 고장으로 에어컨 제조회사 홈페이지에서 채팅 방식의 소비자 상담을 했다. 대화 창에서 에어컨 고장 내용을 입력하자 상담원은 에어컨의 제품 유형 및 증상을 물어본 뒤 몇 가지 조치 방법을 안내했다. A씨는 상담 내용대로 실외기 쪽으로 가서 조치를 취하자 에어컨은 다시 시원한 바람이 나오기 시작했다. A씨에게 에어컨에 대한 불편 사항을 접수 받아 대처 방안을 신속하게 안내해준 상담원은 인공지능(AI) 챗봇. AI 챗봇 덕분에 상담원 대기시간 없이 신속하게 소비자 상담을 받을 수 있었고. AI 챗봇 상담원으로부터 원하는 만족스러운 해답을 안내할 수 있었던 건 그동안 쌓아온 고객 상담사례를 미리 학습했기 때문이다. 점점 더 많은 기업들이 소비자 상담용 AI 챗봇의 도입을 하고 있다. AI의 경우 오랜 훈련이 필요 없을 뿐만 아니라 24시간 내내 소비자들을 응대할 수 있고 언어폭력으로부터 직원을 보호할 수 있는 장점까지 있다.

### 5) 댓글

답글 또는 리플Reply이라고도 하는데 기사나 다른 사람의 게시물에 자신의 의견을 표현하는 커뮤니케이션의 방법이다. 덧글, 코멘트comment라고도 한다.

고객의 댓글은 실시간으로 의견을 받을 수 있고 또한 내가 답변을 할 수 있는 방법이다. 서비스에 대한 악성 댓글과 칭찬 댓글을 잘 이용한다면 서비스 개선에 도움이 될 수 있을 것이다.

● **Q1** 사이버 공간상의 커뮤니케이션에서 지켜야 할 매너는 무엇이라 생각하는가?

● **Q2** 악성 댓글과 악성 댓글을 다는 사람(악플러)들에 대해 어떻게 생각하는가?

● **Q3** 자신의 게시물에 누군가가 악성 댓글을 달았다면 어떠한 감정이 들겠는가?

과제

## 댓글을 달아 보세요.

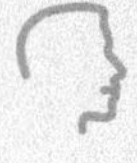

저는 중2 15살 여학생인데요. 꿈을 아직 정하지 못했어요. 꿈을 어떻게 찾아야 할까요?

저는 초등학교 5학년이에요. 친구들을 보며 '왜 나는 친구가 없을까?'라는 생각이 드는데 어떤 방법으로 친구에게 다가가야 할까요?

저는 20대 초반의 여성입니다. 도전을 위해 혼자 해외여행을 가려는데 부모님이 반대하세요. 어떻게 부모님을 설득할까요?

### 6) 줌 미팅(Zoom Meeting)

다른 제품과 기능을 한데 묶는 줌 비디오 커뮤니케이션 플랫폼의 기초이다. PC, 노트북, 전화, 모바일 디바이스 등을 통해 일대일 또는 일대다 미팅을 진행할 수 있으며, 단일 회의에 수만 명의 사람들을 초대할 수 있다. 녹화 기능을 통해 미팅 내용을 파일로 보관할 수 있고 Zoom Chat을 사용하면 비디오, 오디오, 이미지 파일 등을 즉시 전송할 수 있다. 줌 룸 (Zoom Room)이라는 소프트웨어 기반의 회의실 시스템으로 실제 공간에 대한 제약 없이 화상 및 음성 회의, 컨텐츠 공유, 일정 통합 기능을 통해 대규모 회의를 경제적으로 이행할 수 있다.

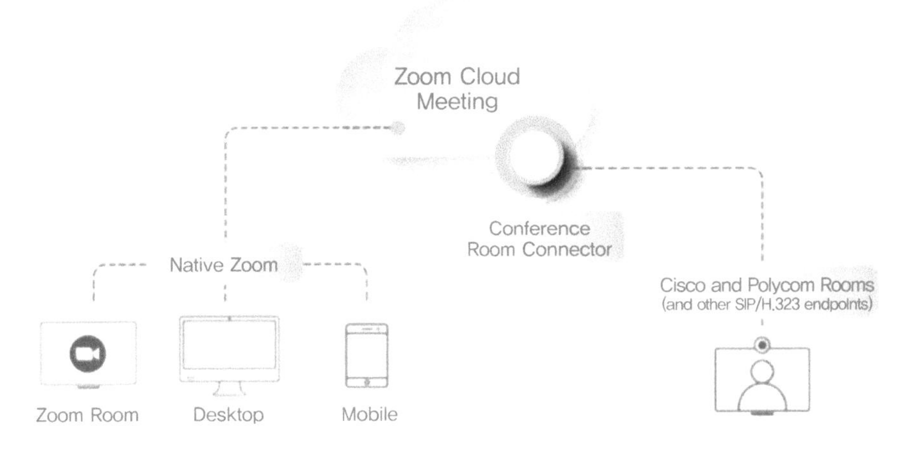


출처 : Zoom

• **어울리는 말에 줄긋기 하시기 바랍니다.**

대화법/커뮤니케이션 능력/좋은 매너/친절한 말투/에티켓/배려 중 자신에게 해당되는 항목은 무엇인가?

## » 매너와 에티켓

나는 명품이 되기 위해 매너와 에티켓에 신경 쓰고 있는가?

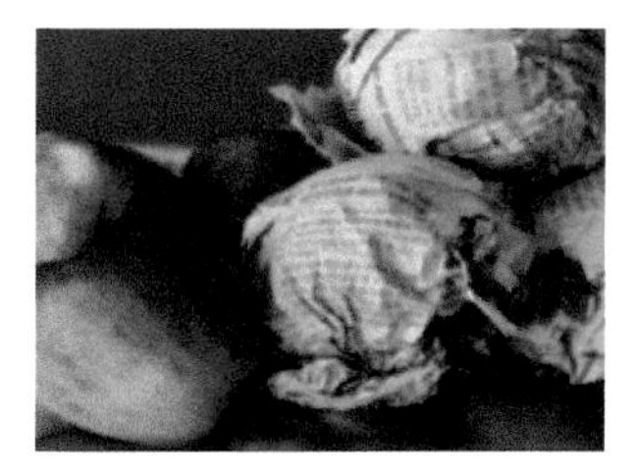

**같은 과일도 무엇으로 포장되어 있는가에 따라 값어치가 달라진다.**

**매너(Manner)**

사람들 사이에서 말이나 행동을 존중하고 예의를 지키는 것이다. 라틴어 Manuarius에서 유래하였는데 행동하는 방식이나 자세, 태도, 습관, 몸가짐으로 상대방을 배려하는 주관적인 표현 양식을 말한다.

**에티켓(Etiquette)**

일상생활에서 어떠한 경우나 상황 장소에 따라 지켜야 할 행동. 프랑스어 Estiquier(붙이다)에서 유래되었는데 예의범절을 지키는 사람만 왕실에 출입할 수 있다는 티켓과 같은 의미에서 나온 것으로 전한다. 기본적으로 지켜야 할 예의 규범이다.

## » 실습- 생활 속 매너 / 롤플레이

**• 생활 속 매너와 에티켓을 찾아봅시다.**

예) 백화점 등 문을 열고 들어갈 때 뒷사람을 배려해 문을 잡아 줄 것. 뒷사람은 “감사합니다”라고 표현할 것.

①

②

③

④

⑤

⑥

⑦

⑧

⑨

⑩

**중국** : 자국에 대한 자부심이 강한 편이고 체면을 중요시하기 때문에 문화를 존중하도록 한다. 선물은 실용적인 것을 준비하고 선뜻 받지 않으므로 여러 번 권해야 한다. 빨간색과 숫자 8을 좋아 한다. 식사 시 젓가락을 그릇 위에 올리면 불운을 상징하는 행동으로 여겨서 젓가락을 그릇 위에 놓지 않도록 한다. 식당에서 깨진 접시를 사용한다.

**일본** : 상대방에게 폐를 끼치지 않기 위해 신경을 많이 쓴다. 시간을 잘 지키는 것을 중요하게 생각하고 예절과 겸손을 중요하게 생각한다.

일반적으로 누구에게나 경어를 사용하며 존중한다. 선물은 짝수로 주는 것이 좋고 4개는 불행을 가져온다고 생각하는 경우가 있다. 개인적인 질문은 하지 않는다. 계단, 에스컬레이터, 복도 등에서 좌측 통행을 한다. 식사를 할 때 젓가락을 밥공기에 꽂는 행동은 죽은 사람에게 하는 의식이므로 주의해야 한다.

**미국** : 커뮤니케이션을 할 때 아이컨텍이 중요하다. 팁 문화가 발달해 적합한 팁을 지불하는 문화가 있다. 식사 시간을 커뮤니케이션 하는 시간으로 생각한다. 식사 예절에 있어 개인접시를 사용해 먹을 만큼 덜고 공용스푼을 사용한다.

**프랑스** : 인사예절로는 양쪽 볼을 번갈아 맞대고 인사하는 "비쥬bisous"가 있는데 가볍게 포옹하며 하기도 한다. 방문할 때는 미리 연락을 해야 한다. 연락을 하지 않고 방문하는 것을 결례라고 생각할 수 있다. 식사 테이블 매너가 매우 중시된다.

Capstone Design

## 캡스톤 디자인이란?

캡스톤은 돌기둥이나 담 위 등 건축물의 정점에 놓인 장식,
최고의 업적, 성취를 뜻하는 단어이다.
현장의 수요에 맞는 기술인력을 양성하기 위한 프로그램으로
“창의적 종합설계”라고도 한다.
서비스인으로 거듭나기 위해 긍정적이고 진취적인
나 자신을 위한 캡스톤 디자인 설계를 해보자.

# 엘리베이터 피치(Elevator pitch)

## » 엘리베이터 피치란?

상품이나 서비스 또는 기업에 대한 가치에 대해 신속하고 간단히 줄이는 것으로 엘리베이터에서 중요한 사람을 만났을 때, 본인의 생각을 20초~3분이라는 짧은 시간에 효과적으로 전달할 수 있어야 한다는 의미로 지어졌다.

**엘리베이터 피치로 유명한 스티브 잡스!**

엘리베이터에서 만난 직원에게 항상 "회사에서 하는 일이 뭐냐"고 묻고 직원이 이에 답을 하면 그 다음 "하는 일이 회사에 도움이 되는가, 된다면 어떤 식으로 도움을 주고 있는가"라고 다시 질문했다. 이에 대답을 제대로 하지 못한 직원에게는 엘리베이터에서 내리자마자 "당신은 해고야"라고 전했다고 한다.

엘리베이터 피치에 포함되는 내용은 대략 다음과 같다.

- ▶ **1단계** : 나는 누구인가?
- ▶ **2단계** : 나는 무엇을 하는가?
- ▶ **3단계** : 나의 고객은 누구인가?
- ▶ **4단계** : 내 비즈니스(서비스)의 차별성은?
- ▶ **5단계** : 내가 원하는 것은?

## 5 엘리베이터 피치 내용 작성

나 자신을 점검하는 캡스톤 디자인

- 1단계 : 나는 누구인가?

- 2단계 : 나는 무엇을 하는가?

- 3단계 : 나의 고객은 누구인가?

- 4단계 : 내 비즈니스(서비스)의 차별성은?

- 5단계 : 내가 원하는 것은 무엇인가?

## » 나의 서비스 커뮤니케이션 캡스톤 디자인 긍정

자신에게 해당하는 단어에 체크하고 개수를 적으세요.

(몇 개 :                    )

· 나의 서비스 커뮤니케이션 캡스톤 디자인 긍정 테스트 결과

| 개수 | 결과 |
| --- | --- |
| 1~5개 | 스스로 변화하려고 정말 노력하십시오. |
| 6~10개 | 노력 여하에 따라 변화의 가능성은 있습니다. |
| 11~15개 | 긍정적이고 적극적인 태도가 필요합니다. |
| 16~20개 | 긍정적인 생각을 많이 하십시오. |
| 21~25개 | 때때로 긍정적일 때가 있네요. |
| 26~30개 | 긍정적인 편에 속합니다. |
| 31개 이상 | 굉장히 긍정적인 사람입니다. |

## » 나의 서비스 커뮤니케이션 캡스톤 디자인 부정

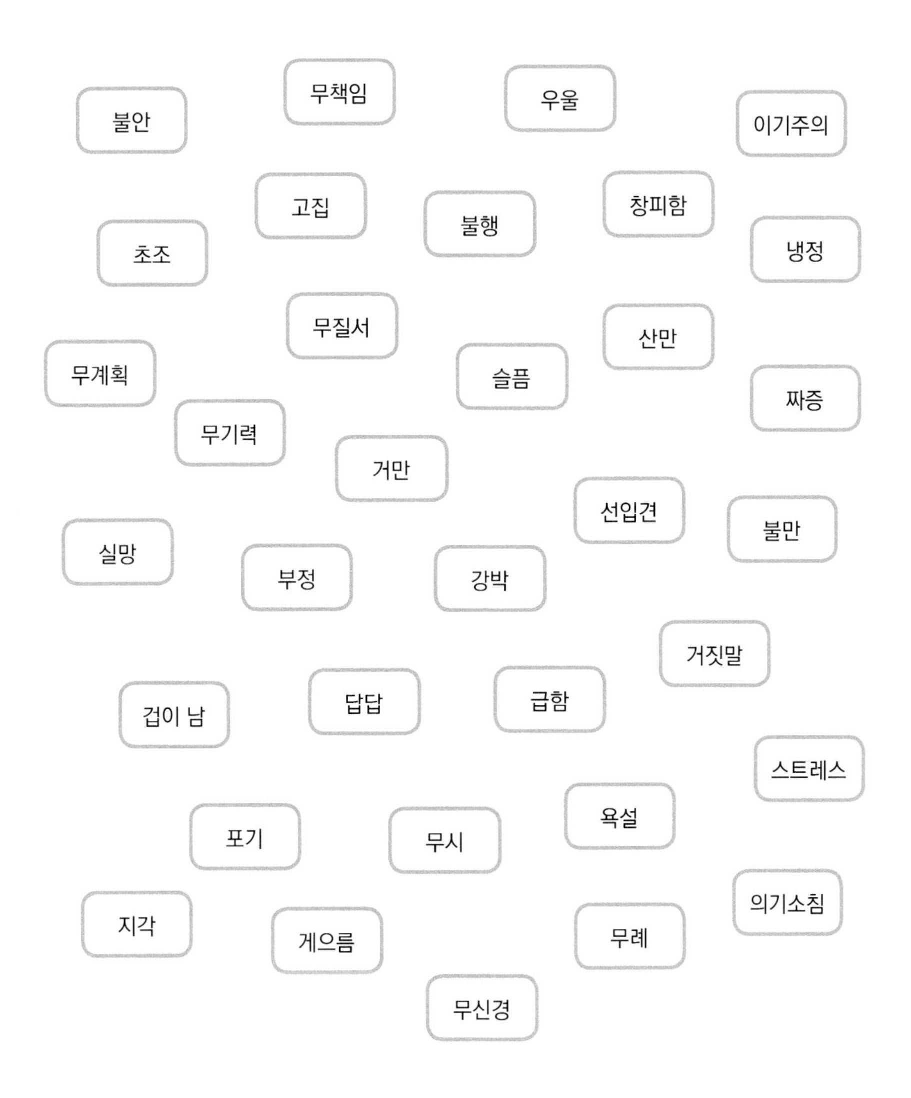


자신에게 해당하는 단어에 체크하고 개수를 적으세요.

(몇 개 :                    )

· 나의 서비스 커뮤니케이션 캡스톤 디자인 **부정** 테스트 결과

| | |
|---|---|
| 1~5개 | 아주 훌륭합니다. |
| 6~10개 | 노력하면 훌륭해지겠네요. |
| 11~15개 | 노력 여하에 따라 변화의 가능성은 높습니다. |
| 16~20개 | 조금만 더 노력하세요. |
| 21~25개 | 노력이 필요합니다. |
| 26~30개 | 많은 노력이 필요합니다. |
| 31개 이상 | 부정에서 긍정으로 스스로 변화하려고 정말 노력하십시오. |

제 2 장

# 전달력을 위한 커뮤니케이션 스킬

Service
Communication

# 전달력을 위한 커뮤니케이션 스킬

## 1 나는 호감형 보이스인가?

### » 커뮤니케이션 스킬 UP을 위한 나의 보이스 진단

1. 나는 대화할 때 목소리가 작다. YES NO
2. 나는 입을 크게 벌리지 않고 얘기한다. YES NO
3. 나는 평소 무뚝뚝하다, 냉정하다는 평가를 받는다. YES NO
4. 사람들 앞에 서면 목소리가 떨린다. YES NO
5. 쉰 듯한 목소리가 난다. YES NO
6. 부정확한 발음을 내는 단어가 있다. YES NO
   예) 사람, 사랑, 그런데, 시소, 볶음밥, 세상, 숫자 4, 개나리, 철창 등
7. 나의 말투는 빠른 편이다. YES NO
8. 나는 대화할 때 감정이 없다. YES NO
9. 나는 대화할 때 호흡을 하지 않아 숨이 찰 때가 있다. YES NO
10. 나는 대답을 잘 안 한다. YES NO
11. 나는 리액션이 없다. YES NO
12. 나의 말투에 억양이 심하다.(사투리가 심하다) YES NO

13. 말할 때 어미를 딱딱 끊는다. YES NO

14. 나의 목소리 톤은 낮은 편이다. YES NO

15. 와~, 오~ 같은 감탄사를 사용하지 않는다. YES NO

16. 흥! 치! 야! 등의 표현을 자주 사용한다. YES NO

17. 아이 같은 목소리와 말투이다. YES NO

18. 콧소리가 내며 말을 한다. YES NO

19. 대화할 때 상대방에게 네? 뭐라고요? 들을 때가 많다. YES NO

20. 목소리에 에너지가 없다. YES NO

### • 보이스 테스트 결과

| | |
|---|---|
| 1~4개 | 호감형 보이스에 속합니다. |
| 5~8개 | 상황에 따라 호감형 보이스가 나오는군요. |
| 9~12개 | 꾸준한 노력을 하면 호감형으로 갈 수 있는 가능성이 높습니다. |
| 13~16개 | 노력이 필요합니다. |
| 17개 이상 | 정말 많은 노력이 필요합니다. |

## 2 커뮤니케이션의 속도

– 나의 평소 말의 속도는 어떠한가?

– 사람들과 대화할 때 반복 설명을 해야 하는 경우가 있는가?

– 상대방은 왜 나의 얘기를 듣다가 "네?"/ "뭐라구요?"라고 하는가?

**• 대화할 때 말의 속도가 빠른 사람 – 급한 성격**

| 장점 | 단점 |
| --- | --- |
| ① 답답함이 없다. | ① 숨이 찰 때가 있다. |
| ② 청중을 집중하게 만든다. | ② 전달력이 떨어진다. |
| ③ 쾌활해 보인다. | ③ 가벼워 보일 수 있다. |
| ④ 자신감이 있어 보인다. | ④ 자기 주장이 강해 보인다. |

**• 대화할 때 말의 속도가 느린 사람 – 느긋한 성격**

| 장점 | 단점 |
| --- | --- |
| ① 전달력이 좋다. | ① 답답함을 유발한다. |
| ② 교양 있게 들리기도 한다. | ② 집중력을 떨어뜨린다. |
| ③ 여유 있게 느껴진다. | ③ 톤이 일정해 지루하다 |

## » 커뮤니케이션 속도 조절

**① 평소 자신의 대화 속도가 어떤지 파악해야 한다.**

– 주의 : 많은 사람들이 자신의 대화 속도가 빠르다는 것을 알면서도 천천히 조절하지 못하는 이유는 오랫동안 사용했던 습관 때문이다. 만약 자신이 천천히 말하게 되면 내용의 흐름을 이어가지 못하거나 다음 문장이 막히는 경우가 있다.

이 과정을 거치고 난 뒤 훈련을 통해 더욱 더 전달력 있는 커뮤니케이션을 할 수 있다.

**② 자신의 말이 빠르다고 인식되면 천천히 말을 하는데 본인 스스로에게 정말 답답함을 느낄 정도로 천천히 해야 한다.**

– 이때 꼭 목소리 녹음을 통해 얼마나 속도를 줄였는지 확인한다.

**③ 자신의 말이 느리다고 인식되면 스타카토로 끊어서 말하는 연습을 해야 한다.**

– 처음에 연습하게 되면 로봇처럼 말하는 것 같은 느낌이 들 수도 있다.

**④ 끊어 읽는 곳과 문장과 문장 사이에 호흡(복식호흡)을 해야 한다.**

**⑤ 포즈(Pause)를 지켜 말해야 한다.**

* 스타카토 : 또렷하게 끊는 듯이 연주하라는 음악에서 쓰이는 말이다.

* 포즈(Pause) : 말을 잠시 멈추고 침묵을 유지하는 것으로 포즈 후에 이어지는 내용을 강조하거나 청중을 집중시킬 수 있다. 또한 포즈를 적절히 사용하면 청중에게 뒷말에 대한 기대감을 갖게 만든다.

## 커뮤니케이션의 속도 조절 트레이닝

1. 다음의 문장을 천천히 읽어봅시다.
2. 상대방에게 이야기를 들려주는 방법으로 말해봅시다.(동화구연을 해도 좋음)

**연습 1**

다람쥐는 나무 오르기 과목에서는 따를 자가 없었습니다. 그러나 날기 과목에서 교사가 땅바닥에서부터 시작하지 않고 나무 꼭대기에서부터 날기를 시키는 바람에 다람쥐는 좌절감만 커져갔습니다. 그리고 무리한 날기 연습 때문에 근육에 자주 쥐가 났으며, 그 결과 나무 오르기 과목에서조차 '미', 달리기 과목에선 당연히 '양'을 받았습니다.

**연습 2**

오리는 수영 과목에서 실로 눈부신 실력을 발휘했습니다. 사실 그 과목에서는 가르치는 교사보다 오리가 훨씬 뛰어났습니다. 그러나 오리는 날기 과목에서는 겨우 낙제점을 면했으며, 달리기 과목은 더욱 형편없었습니다. 달리기 점수가 너무 낮았기 때문에 오리는 방과후에도 혼자 남아 더 배워야 했으며, 달리기 연습을 너무 많이 한 나머지 오리는 발의 물갈퀴가 너덜너덜해졌고, 그 결과 수영 과목에서조차도 겨우 평균 점수밖에 받을 수 없었습니다. 그러나 학교에서는 평균 점수만 받아도 다음 학년으로 무난히 진급할 수 있었습니다. 때문에 오리를 제외하고는 아무도 그 문제에 대해서 심각하게 생각하지 않았습니다.

**연습 3**

독수리는 문제아였습니다. 그래서 혹독한 훈련을 받아야 했습니다. 나무 오르기 과목에서 독수리는 꼭대기에 올라갈 때까지 큰 날개를 퍼덕여 다른 학생들을 방해하는 바람에 자주 지적을 받았습니다. 그 결과 누구보다도 가장 높이 날고 탁월한 활공 능력을 가진 독수리였건만 졸업할 때까지 끝끝내 문제아 취급을 받을 수밖에 없었습니다.

## 4 커뮤니케이션 발음

### » 전달력 있는 발음을 위한 근육 풀기 매일 트레이닝 7계명

1. 입을 최대한 벌려 아–에–이–오–우로 입의 근육을 풀어 준다.(반복훈련)
2. 한쪽 볼에 바람을 넣고 오른쪽 왼쪽 번갈아 가며 바람을 넣는다.
   이때 처음에는 속도를 천천히 하다가 점점 빨라지도록 한다.(반복훈련)
3. 혓바닥을 입 밖으로 최대한 길게 내민다.(반복훈련)
4. 혓바닥을 밖으로 내밀었다(메롱)를 반복한다.
   이때 최대한 밖으로 메롱을 한다.
5. 입술을 모으고 오른쪽– 왼쪽– 위– 아래 번갈아가며 움직인다.
6. 숨을 들이마시고 입술을 앞쪽으로 (뿌~~우~~) 입술이 떨리는 훈련을 반복한다.
   이때 위아래 치아는 꼭 붙인다.
7. 엄지손가락과 집게손가락으로 양쪽 볼을 꼬집어 준다.(반복)
   이때 볼을 눈 밑에서 한 번, 광대뼈 쪽에서 한 번, 아래쪽 볼에서 한 번. 3번에 나누어 꼬집기를 반복한다.

### » 입모양에 따른 커뮤니케이션의 발음

가로 방향 입모양

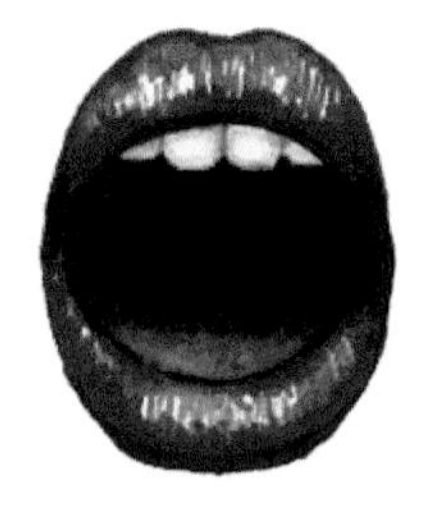
세로 방향 입모양

**• 가로 방향 입모양**

– 입꼬리를 가로로 밀고 “아~~” 소리를 낸다.

– 자신의 소리를 들어본다.

– 가늘고 적당한 톤이 만들어진다.

**• 세로 방향 입모양**

– 입꼬리를 가로로 밀고 “아~~” 소리를 낸다.

– 자신의 소리를 들어본다.

– 톤이 내려가고 두꺼운 소리가 난다.

* “아”, “이”, “에” 반복하며 가로 방향 입모양 훈련을 한다.

## » 커뮤니케이션 발음 트레이닝 1

가 나 다 라 마 바 사 아 자 차 카 타 파 하

갸 냐 댜 랴 먀 뱌 샤 야 쟈 챠 캬 탸 퍄 햐

겨 녀 뎌 려 며 벼 셔 여 져 쳐 켜 텨 펴 혀

구 누 두 루 무 부 수 우 주 추 쿠 투 푸 후

교 뇨 됴 료 묘 뵤 쇼 요 죠 쵸 쿄 툐 표 효

기 니 디 리 미 비 시 이 지 치 키 티 피 히

강 낭 당 랑 망 방 상 앙 장 창 캉 탕 팡 항

긍 능 등 릉 믕 븡 승 응 증 층 킁 틍 픙 흥

깅 닝 딩 링 밍 빙 싱 잉 징 칭 킹 팅 핑 힝

각 낙 닥 락 막 박 삭 악 작 착 칵 탁 팍 학

간 난 단 란 만 반 산 안 잔 찬 칸 탄 판 한

갈 날 달 랄 말 발 살 알 잘 찰 칼 탈 팔 할

## » 커뮤니케이션 발음 트레이닝 2

갑 납 답 랍 맙 밥 삽 압 잡 찹 캅 탑 팝 합

갓 낫 닷 랏 맛 밧 삿 앗 잣 찻 캇 탓 팟 핫

한국관광공사 곽진광 관광과장

가기까끼카키다디따띠타티바삐빠파피사씨시싸히하짜

깐껀꼰꾼끈낀딴떤똔뚠뜬띤빤뻔뽄뿐쁜삔싼썬쏜쑨쓴씬짠쩐쫀쭌쯘찐

깍꺽꾹꼭딱떡뜩띡빡뻑쁙삑싹썩쏙쑥씍씩짝쩍쪽쭉쯕찍짹

시골 찹쌀 햇찹쌀 도시찹쌀 촌찹쌀

닭발바닥은 싸움닭발바닥 밤발바닥 쌍밤발바닥

별똥별은 빛나는 쌍번별똥별 빛나는 쌍범별똥별

중앙청 창살 외창살 시청 창살 쌍창살

한국항공 화물 항공기 출발할 한국항공 화물 항공기

박법학박사 뿔물 뿌리 소뿔물, 곽법학박사 뿔물 뿌리는 양뿔물

## » 커뮤니케이션 발음 트레이닝 3

앞집 팥죽은 붉은팥 풋팥죽이고 , 뒷집 콩죽은 햇콩단콩 콩죽, 우리집 깨죽은 검은깨 깨죽인데 사람들은 햇콩 단콩 콩죽 깨죽 죽먹기를 싫어하더라.

우리집 옆집 앞집 뒷창살은 흩겹창살이고, 우리집 뒷집 앞집 옆창살은 겹흩창살이다.

백화 백화점 옆 백합 백화점 백합 백화점 옆 백화 백화점

양양역옆 양장점은 양양양장점이고 영양역옆 양장점은 영양양장점이다.

십년 삽장사 헛삽장사 삼십년 삽장사 헌삽장사

철수 책상 새 철책상 청수책상 새 쇠책상

담임 선생님의 담당과목은 도덕담당이고 담임 닮은 다른반 담임선생님도 도덕담당이다.

관광경영대학 관광경영 전공으로 관광경영공부를 한다.

# Service Communication

제 3 장

# 호감 가는 커뮤니케이션을 위한 스킬

Service
Communication

제 3 장

# 호감 가는 커뮤니케이션을 위한 스킬

## 1 목소리 발성

서비스 현장에서 정확한 전달력을 위해서는 목소리의 크기, 즉 발성phonation이 중요하다. 진성을 내는 것이 중요한데 쉽게 말해 긴장이 되거나 겁이 나거나, 낯선 사람을 만나거나, 무섭거나 하면 우리는 속삭이게 된다. 하지만 자신감이 있고 익숙한 곳, 발성 훈련이 되어 있다면 자신감 있는 진성이 나오게 된다. 예를 들어 오랜 기간 아르바이트 경험이 있어 인사 매뉴얼에 어서오세요, 감사합니다를 반복적으로 하게 되면 나도 모르게 발성훈련이 된다. 그래서 어떤 경험을 많이 했느냐에 따라 좋은 발성이 되는 경우가 있다.

남자의 목소리를 중시하는 여성들은 자신의 외모가 출중하다고 생각하는 공통점이 있는 것으로 드러났다. 빅데이터 기반 감정분석전문 스타트업 스캐터랩의 연애의 과학팀은 최근 '남자는 목소리라고 말하는 여자들의 특징'이라는 제목의 글에서 에버딘 대학의 부코비치 교수의 연구를 인용해 이같이 밝혔다. 앞서 부코비치 교수는 목소리가 좋은 남자를 좋아하는 여자들의 특징을 알아보기 위한 실험을 실시했다. 먼저 85명의 여성을 모집해 스스로를 얼마나 예쁘다고 생각하는지를 측정했다. 이후 두 명의 남자가 사랑을 고백하는 목소리를 들려줬다. 차이가 있다면 한 명은 높은 톤의 여성스러운 목소리, 한 명은 낮고 중후한 목소리였다. 이어 두 남자 중 누구를 더 선호하는지 선택하도록 했다. 실험 결과 자신이 예쁘다고 생각하는 여자일수록 목소리가 더 낮은 남자를 선호했다. 부코비치 교수는 "스스로 예쁘다고 믿는 여자일수록 매력적인 남자를 유혹할 수 있다는 자신감이 크다"며 "그래서 그들은 남성호르몬이 많아 매력적인 낮은 목소리의 남자를 좋아한다"고 설명했다.

출처 : 디지털뉴스국

### » 발성 기본 연습

① 선 자세로 어깨를 펴고 발은 어깨 넓이로 벌린 후 가슴은 내민다.

② 팔은 자연스럽게 내리고 두 손은 공수를 하고 아랫배에 놓는다. 이때 목과 어깨에 힘을 뺀다.

③ 시선은 정면은 정면을 바라본다.

④ 호흡은 코로 길게 천천히 들이마시고 배가 나오도록 공기를 들이마신다.

⑤ 다시 천천히 입으로 공기를 내뱉고 숨소리가 나게 여러 번 반복 훈련한다.

⑥ 공기를 깊이 들이마신 상태에서 입은 크게 벌리고 혀 끝은 아랫니 바로 밑 잇몸에 붙이고  아!/'아~' 소리를 낸다.

⑦ 이때 아! 하고 한꺼번에 내뱉을 때는 최소한 3번 이상 반복한다. 아!(호흡) 아!(호흡) 아! 또는 머금었던 호흡을 천천히 내뱉으며 "아~~~~~" 최대한 길게 소리를 낸다.

⑧ 주의할 점은 소리를 목에서 내면 안 되고 깊은 호흡(복식 호흡)으로 내는 것이 중요하다. 배의 근육이 나오고 들어가고 하는지 확인하며 아/이/우/에/오를 반복한다.

⑨ 낮은 소리부터 도/레/미/파/솔/ 음정을 잡고 '아~' 하는 소리로 반복 훈련한다.

⑩ **도** 음정 : 아~ / **레** 음정 : 아~ / **미** 음정 : 아~ / **파** 음정 : 아~ / **솔** 음정 : 아~~ 소리를 내며 반복 훈련한다.

* 자신의 목소리를 잘 듣는 것이 정말 중요한데 맑게 울리는 공명이 나올 때까지 꾸준히 트레이닝 하는 것이 중요하다. 자신이 느꼈을 때 나의 목소리가 너무 큰 것이 아닌가 할 정도로 밖으로 소리를 내도록 해야 한다.

## 2 목소리 톤

사람마다 톤이 다른 이유는 생활 습관에서 나온다. 훈련을 통해 다양한 목소리 톤을 만들 수 있다. 다양한 연령대에게 서비스를 하기 위해서는 서비스 현장에 따라 톤이 달라져야 한다. 따라서 서비스 제공자의 목소리는 1부터 6까지의 숫자를 가진 주사위 같아야 한다. 숫자가 높을수록 톤을 높이는 것이다. 서비스 현장에 따른 목소리 톤을 알아보자.

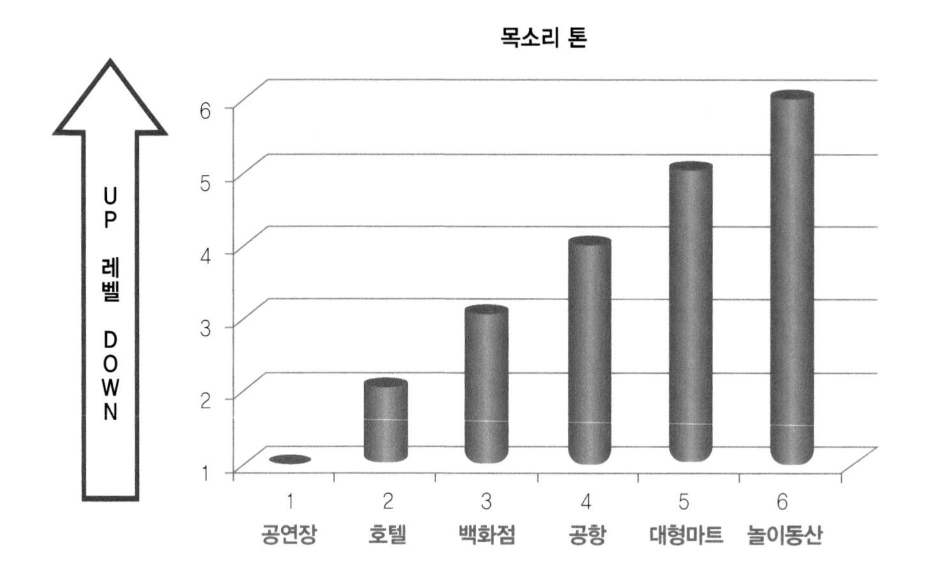


## • 아래의 멘트를 안내해봅시다.

### 톤의 높낮이에 따른 서비스 현장의 멘트

**주의** : 톤이 낮다고 목소리가 작아지는 것이 아님을 주의한다. 사람마다 목소리 톤이 다르므로 평소에 쓰는 톤을 1단계로 잡는다.

### ▶ 1단계 – 공연장

오늘도 저희 공연장 찾아주신 여러분들께 감사드립니다.
원활한 공연 진행을 위해 안내사항 알려드립니다.
공연 중에 사진 및 동영상 촬영은 금지됩니다.
지금부터 공연이 시작되겠습니다.
즐거운 관람되시기 바랍니다. 감사합니다.

### ▶ 2단계 – 호텔

안녕하십니까. 예약하신 분 성함이 어떻게 되십니까?
성함이랑 연락처 간단히 작성 부탁드립니다.
지불 보증 차원에서 고객님의 신용카드 부탁드립니다.
객실은 15층이고 조식은 내일 아침 6시부터 9시까지 1층 식당에서 이용하시면 됩니다.
감사합니다. 좋은 시간 되십시오.

### ▶ 3단계 – 백화점

손님~ 무엇을 도와드릴까요? 제가 안내해 드리겠습니다.
혹시 찾으시는 물건이 있으신가요?

### ▶ 4단계 – 공항 체크인 카운터

손님~ 들어가셔서 보안검색하시고 A구역 탑승구 23번입니다.
30분 전에 탑승 게이트에 도착해 주시기 바랍니다.
좋은 여행 되십시오.

### ▶ 5단계 – 대형마트

고객님~이용하세요.~ 오늘 행사 많이 드립니다.
오늘 이용하시면 영양 듬뿍 잡채 만두를 50% 할인된 가격으로 드립니다. 마지막 기회!

### ▶ 6단계 – 놀이동산

"원!투!쓰리!포! 여러분~ 환영합니다."
"이곳은 꿈과 환상과 모험이 가득한 곳 ㅇㅇㅇㅇ입니다."

## 3 호흡법

### 1) 흉식호흡

흉식호흡이란 가슴이 부풀려지는 호흡인데 우리가 평소에 하는 호흡이다. 숨을 들이마시면 가슴이 올라가고 내뱉으면 내려간다. 전력질주를 하고 숨이 가쁠 때 숨이 차서 호흡했을 때를 보면 알 수 있다.

### 2) 복식호흡

복식호흡은 복부를 이용해 하는 호흡으로, 들이마실 때 배가 나오고 내뱉을 때 배가 들어가게 한다. 배의 근육을 움직여서 횡격막을 수축하거나 이완하는 호흡방식이다. 긴장을 하거나 사람들 앞에서 발표를 할 때 떨리는 순간에도 복식호흡을 하면 도움이 된다. 또한 목소리가 떨리면 복식호흡으로 호흡을 가다듬어야 한다. 복식호흡으로 마인드 컨트롤을 할 수 있고 다이어트에도 도움을 준다고 한다.

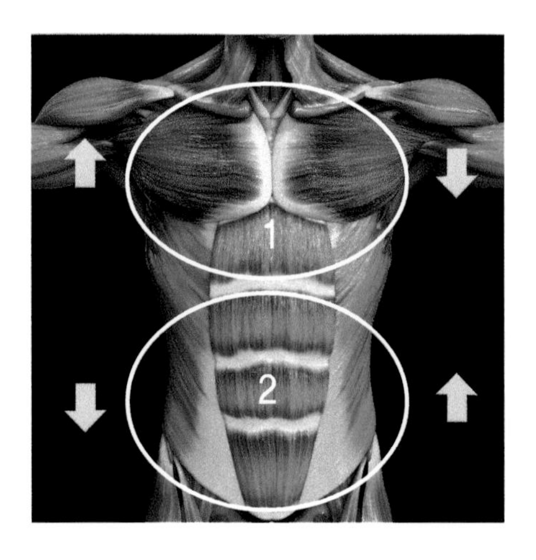


① 흉식호흡 ② 복식호흡

### » 복식호흡법

① 허리와 어깨를 펴고 정면을 바라보고 선다.

② 양손을 배 위에 올리고 코로 천천히 숨을 들이마신다.

③ 이때 가슴이 올라오면 안 되고 배가 천천히 나오도록 한다.

④ 배가 볼록하게 나오도록 아주 천천히 3초 정도 숨을 들이마신다.
(처음 복식호흡을 시도하는 사람은 어지러운 경우도 있다.)

⑤ 잠시 멈췄다가 다시 천천히 입으로만 내뱉어 준다.

⑥ 이때 주의할 점은 아주 천천히 들이마실 때보다도 더 천천히 내뱉는다.

⑦ 배 안에 풍선이 있다 생각하고 반복적으로 연습한다.

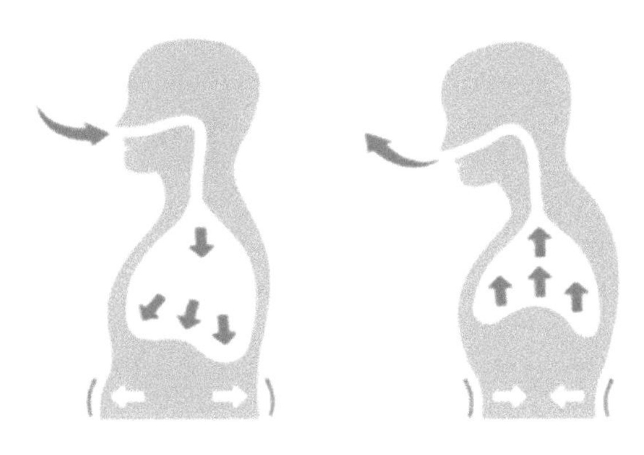


출처 : 경상북도 정신건강 복지센터

### » 복식호흡의 효과

① 깊은 숨과 천천히 들이쉬는 복식호흡은 건강에 좋다고 알려져 있는데 부교감 신경이 활성화되어 스트레스가 완화된다고 한다.

② 감정을 통제하는 데 도움이 된다.

③ 장 건강에 굉장히 좋아 장마사지라고도 한다.

④ 장의 연동운동으로 소화력을 촉진한다.

⑤ 장이 운동을 하면서 세로토닌이 만들어져 행복감을 느낀다고 한다.

⑥ 복식호흡 명상을 하고 난 후에는 정신이 맑아진다.

**• 단어와 단어, 문장과 문장 사이의 호흡하는 연습**

습득한 복식 호흡법을 이용하여 다음 문장을 읽어보고 표시된 호흡에 따라 천천히 읽어 보며 연습하시기 바랍니다.

(개인차 때문에 호흡이 짧은 사람은 호흡하는 횟수가 더 많을 수 있음)

내가 가장 좋아하는 음식은 카레라이스이다.**(호흡)** 먼저 카레의 향이 입맛을 돋우기도 하고**(호흡)** 여러 가지 야채를 넣고 조리한 음식이기 때문에**(호흡)** 건강식이라 생각한다.**(호흡)** 평소 먹는 양보다**(호흡)** 훨씬 더 많이 먹게 되는 걸 보면**(호흡)** 정말 나는 카레를 좋아하는구나 생각이 든다.**(호흡)** 우리나라에서 카레라 불리는 커리는**(호흡)** 다양한 향신료를 섞어서 만든**(호흡)** 인도의 전통 음식이다.**(호흡)** 커리에는 강황, 커민, 겨자씨, 후추 등**(호흡)** 다양한 향신료가 들어가며,**(호흡)** 특히 강황은**(호흡)** 치매와 암 예방에 효과가 있는 것으로 알려져 우리나라에서도 인기가 많다.**(호흡)** 커리의 종류 중**(호흡)** 인도 고아 지역의 커리는**(호흡)** 고아 지역이 포르투갈의 지배를 받을 당시**(호흡)** 포르투갈로부터 유입된 고추를 사용해**(호흡)** 매운맛이 난다.

에펠탑은 건축 당시에**(호흡)** 우아한 파리의 거리와 어울리지 않는**(호흡)** '철골 덩어리'라며**(호흡)** 지식인들의 비난을 받았습니다.**(호흡)** 소설가 모파상은**(호흡)** 에펠탑의 모습이 보기 싫어**(호흡)** 파리 시내에서 유일하게 에펠탑이 보이지 않는**(호흡)** 에펠탑 내의 레스토랑에서 밥을 먹었다는 일화가 전해지기도 합니다.**(호흡)** 그러나 완공된 후에는**(호흡)** 새로운 예술을 추구하는 사람들에게 많은 지지를 받았고,**(호흡)** 오늘날에는 파리의 랜드마크로 자리 잡았습니다.**(호흡)** 에펠탑은 20년 기한이 끝나는**(호흡)** 1909년에 해체될 예정이었습니다.**(호흡)** 그런데 그 무렵 발명된 무선 전신 전화의 안테나로**(호흡)** 탑을 이용할 수 있다는 사실이 알려져**(호흡)** 탑의 해체는 무산되었습니다.**(호흡)** 1916년에 세계 최초의 태평양 횡단 무선통화에 성공하고,**(호흡)** 1921년에 라디오 방송을 시작하고부터는**(호흡)** 없어서는 안 되는 존재로서 세계적으로 인정받게 되었습니다.**(호흡)** 1957년에는 텔레비전 안테나가 설치되어**(호흡)** 높이도 324m로 경신했습니다.**(호흡)** 1975년에는**(호흡)** 회전식 표지 등이 설치되어,**(호흡)** 오늘날에는 파리의 야경을 아름답게 채색하는**(호흡)** '빛의 탑'으로도 사람들을 매료시키고 있습니다.

# Service Communication

제 4 장

# 친절한 커뮤니케이션을 위한 스킬

Service
Communication

# 친절한 커뮤니케이션을 위한 스킬

## 1 악센트

악센트accent는 말을 할 때 더욱 강하게 강조해서 말하는 것인데 의사소통을 할 때 적절하게 강조를 한다면 상대방에게 더욱 신뢰감을 줄 수 있다. 로보트는 감정이 없다고 말하는데 로보트의 언어를 잘 들어보면 변화나 강조(악센트), 높낮이가 없음을 알 수 있다. 강조할 곳을 힘주어 말하게 되면 상대방에게 전달력도 높일 수 있고 청중 앞에서 스피치 할 때 집중을 시킬 수도 있다. 중요한 것과 중요하지 않은 것을 구분해 중요한 것을 더욱 강조를 해야 한다.

악센트는 상대방의 감정에 대한 공감을 나타낼 수 있어 적절한 강조법으로 서비스 커뮤니케이션 능력을 높일 수 있다. 중요한 내용에서 강조하는데 어미를 강조하기 위해 '무척', '굉장히'와 같은 부사를 강조한다.

- **다음 문장에 표시된 악센트를 강하게 소리 내어 강조법을 연습해봅시다.**

▼ ▼
일이 잘 안되고 힘들더라도 용기를 잃지 마세요.

▼ ▼ ▼ ▼
견적비용이 너무 많이 나와서 진짜 놀랐어요.

▼
자그마치 10억이에요.

▼ ▼
우리에게는 꼭 이뤄야 할 꿈이 있습니다.

- **강조할 수 있는 단어**

무척 / 정말 / 너무 / 되게(아주 몹시) / 더욱 / 더
매우 / 참 / 아주 / 몹시 / 가장 / 잘 / 진짜 / 굉장히

김치는 **가장** 유명한 한국의 대표 음식이다.
작년 크리스마스 유럽 여행은 **정말** 좋은 추억이었다.
어제 등산을 갔었는데 **너무** 힘들었다.

여기가 **진짜** 맛있고 한국에서 **가장** 유명한 맛집이에요.
손님 **정말** 옷이 **잘** 어울리세요.
**정말** 여기 **참** 신기하죠?
**잘** 익은 벼 이삭일수록 **더욱** 깊이 고개를 숙입니다.

• **문장에 악센트를 체크 하고 강조법을 사용해 말해 보세요.**

어떤 색깔을 좋아하십니까?

저는 빨간색을 좋아합니다.

저는 빨간색을 무척 좋아합니다.

어떤 나라에 여행가고 싶습니까?

저는 프랑스로 여행을 가고 싶습니다.

저는 정말 프랑스로 여행을 가고 싶습니다.

어떤 운동을 좋아하십니까?

저는 축구를 좋아합니다.

저는 정말 축구를 좋아합니다.

자몽의 효능은 굉장히 많습니다. 다이어트에도 효능이 있고

즙이 풍부하며 맛은 신맛, 단맛이 있으며 쓴맛도 있습니다.

반 개만 먹어도 하루에 필요한 비타민 C를 섭취할 수 있으며,

감기예방, 피로회복, 숙취에 훌륭한 과일입니다.

## ② 사투리

### 1) 경상도 사투리

반복되는 글자로 여러 가지 뜻을 담은 문장이 된다.

**'얘가, 그 사람이, 그 친구가'라는 뜻이다.**

가가! (가져가라!)

가가 가가? (그 친구가 그 친구니?)

가가 가가~ (그 사람이 그 사람이었구나!)

가가 가가가? (그 사람 성씨가 가니?)

쫌! (하지마라)

쫌~ (왜 그래~화풀어)

쪼~옴 (나한테 이거 줘라)

**이 외에도 많은 감정을 단어 하나로 표현할 수 있다.**

되다(디다) – 힘들다 / 파이다 – 나쁘다

애비다 – 야위다 / 야시 – 여우 / 윽수로 – 굉장히

짭다 – 짜다 / 우야꼬 – 어쩌지 / 추버 – 추워

### 2) 전라도 사투리

전라도 사투리(어미처리 특징 외)

**끝말에 ~데 대신 ~디를 붙임**

"너 오늘 뭐했는데?" / "너 오늘 뭐했는디?"

"너 지금 어딘데?" / "너 지금 어딘디?"

놀랐을 때 쓰는 감탄사 – "왐마"

**어미 –냐를 , –야제로 쓰기도 함.**

"어제 많이 힘들었니?" – "어제 많이 힘들었냐?"

"우리 밥 한번 먹어야지?" – "우리 밥 한번 먹어야제?"

긍께 – 그러니까

아짐씨, 아잡씨 – 아주머니, 아저씨

허벌나게 – 많이 / 삭신 – 몸 / 솔찬하다 – 제법 많다 / 낯바닥 – 얼굴

아까침에 – 조금 전에 / 장돌뱅이 – 장사꾼 /  허잔께 – 하자니까

## 3) 충청도 사투리

충청도 사투리는 같은 문장으로 감정 표현 가능

즐거움 : 뭐여~

화남 : 뭐여!!!!!!!

짜증남 : 뭐여!!

놀람 : 뭐여?!

무서움 : 뭐여…?

슬픔 : 뭐여….

**어미처리 부분 "ㅏ"를 "ㅓ"로, "ㅐ"를 "ㅕ"나 "ㅑ"로 표현**

알아 – 알어 / 괜찮아? – 괜찮어? / 목이 말라 – 목이 말러

그래? 안그래? – 그려? 안그려?

작작 좀 햐! / 공부햐 / 전화 좀 햐 / 알아서 햐 / 공부혀 / 이따 혀

만치다 – 만지다 / 망새끼 – 망아지 / 바꿈살이 – 소꿉놀이

숨키다 – 감추다 / 숫제 – 차라리 / 시방 – 지금 / 숭본다 – 흉본다 / 쉴찬히 – 상당히

모냥 – 모양 / 물러 – 몰라 / 노상 – 늘 / 나여 – 나야 / 난중에 – 나중에 / 대근하다 – 힘들다

### 4) 제주도 사투리

"무신 일이라, 울러데게" – 무슨 일이야 목이 터져라 소리치게
"늬네 아방한티 안네라!" – (웃어른께) 물건을 드려라
"벤벤헌거로 지들루라" – 무거운 물건으로 눌러라
"물어 봅써" – 물어 보세요
"공항데레 가젠 허민 어디로 가코양?" – 공항으로 가려면 어디로 가면 됩니까?
"이레 갑써" – 이쪽으로 가십시오
"저레가민 되 마씸?" – 저리로 가면 됩니까?
"저레 쭉 가민 되 마씸" – 예 저리로 계속 가면 나옵니다
"가당 보민 니커리 나오걸랑 왼펜으로 돌앙 들어 갑써?" –
가다 보면 네거리가 나오면 왼쪽으로 돌면 됩니다
"호꼼만 이십서게" – 조금만 계십시오

복먹다 – 수영을 잘 못해 물을 먹다. "헤엄치당 복먹어수게"
맹글다 – 만들다 / 후리다 – 휘두르다 / 푸더지다 – 넘어지다
감장돌다 – 맴돌다 / 얼러뎅기다 – 어지럽게 이리저리 돌아다니다
홀강거리다 – 힘에 부치어 숨이 차 헐떡거리다

#### • 경상도 사투리 기내방송

오늘도 우리 비행기는 186석 만석이네예. 덕분에 제 월급도 문제없이 받을 수 있겠네예. 제가 원래 고향이 대구거든예. 그런데 (항공사에) 입사해보니 다들 서울 애들이라 가지고 사투리를 몬 알아듣더라고예. 지지배들이, 아, 머스마도 있네.

손님 여러분 편안하게 오셨능교, 방금 대구에 도착했심더, 욕봤심데이.

끄질 때까지 궁디 붙이고 고마 앉아 계시소.
뱅기에 널쭈고 가지 말고 단디 챙겨 가이소.

주스는 쌔그라운 것도 있고 덜 쌔그라운 것도 있지예.
소금을 너무 많이 뿌래갖고 짭지 않게 하시소.

## • 제주도 사투리 기내방송

삼춘덜, 펜안하덜 오십디강~
방금 제주에 도착해쑤다.
오널 우리 제주항공하고 이기가지 오젠허넌 폭삭~ 속았수다양~
비행기에 나뒹 내리는 거 어신지 또시 혼번 아잤던 자리 뵈려 봅써양~
물건이랑 샅샅이 살평 가정가곡~
제주에서 재미나게 놀곡 맹심허영 돌아가십써~
담에 또 보게마씸~

잘도 반갑수다게! 저는 예 제주도 출신 곱딱하고 요망진 승무원이우다. 제주항공과 함께 해줘응 잘도 고맙수다. 제주도까지 비행시간은 얼마 안 걸려 마씸.

담배가 피고 싶어도 호끔만 촘앙 이십써.
법으로 금지되 있는거라부난 나도 어떵 못 해마씸.

손님들신디 좋은 것만 주잰허는 제주항공과 고치 제주까지 오느라 폭삭 속아수다.
이뿌고 요망진 우리 제주항공 승무원들 보잰하믄, 서울 갈 때 또 우리 제주항공 타사 됩니다예. 타주엉 고맙고 다들 맹심행 잘들어갑써. 담에 또 보게마씸예~

• **승객들을 위한 재치있는 기내방송**

선반을 여실 때는 잠깐!
선반 안 물건이 머리 위로 떨어질 수 있으니 헬멧을 착용하지 않으셨다면 짐을 살~살 꺼내주세요.
아울러 기내에서의 흡연은 엄격히 금지되어 있습니다.
그럼에도 불구하고 흡연을 원하시는 분께서는 항공기 밖에서만 가능함을 알려드립니다.
다만 진에어에서는 낙하산을 제공해 드리지 않는다는 점을 참고해 주시기 바랍니다.
오늘 비행 중 기상은 좋을 것으로 예보되었으나 기류 영향으로 비행기가 조금 놀라 부르르 떨 수도 있습니다.
이륙 후 지름길을 이용하여 빨리 도착할 수 있도록 노력하겠습니다.

손님 여러분, 지금부터 진에어의 두근두근 설레는 쇼핑이 시작될 예정입니다.
부모님 또는 남친, 여친의 선물을 잊으신 분들은 지금이 기회!
구입을 원하시는 분은 판매 카트가 지나갈때 손을 번~쩍! 들어 딜라이트한 진에어의 쇼핑을 한껏 누려보시기 바랍니다.

## 3 어미처리

**• 어미를 바로 끊지 말고 살짝 끌어주세요.**

무엇을 도와드릴까요!? / 무엇을 도와드릴까요~오~?

이쪽으로 오세요! / 이쪽으로 오세요~오~.

잠사만요! / 잠시만요~오~.

### » 신뢰감을 줄 수 있는 어미처리

- 그런 것 같습니다.(30%)
- 그런 편입니다.(50%)
- 그렇다고 생각합니다.(70%)
- 그렇다고 확신합니다.(90%)
- 꼭 그렇다고 확신합니다. (100%)

**• 명령형을 청유형으로 표현**

- 부탁드려요. ← 부탁 드려도 될까요?
- 빌려주세요. ← 빌려주실 수 있나요?
- 착용하세요. ← 착용해 주시겠습니까?

## 과제

### 다음 문장을 청유형으로 바꿔보시기 바랍니다.

손님. 지금 여기 못 들어가요. 기다리세요.

공사 중이요. 내일 오세요.

오늘은 마감해서 안 돼요. 5시 이전에 오세요.

제 5 장

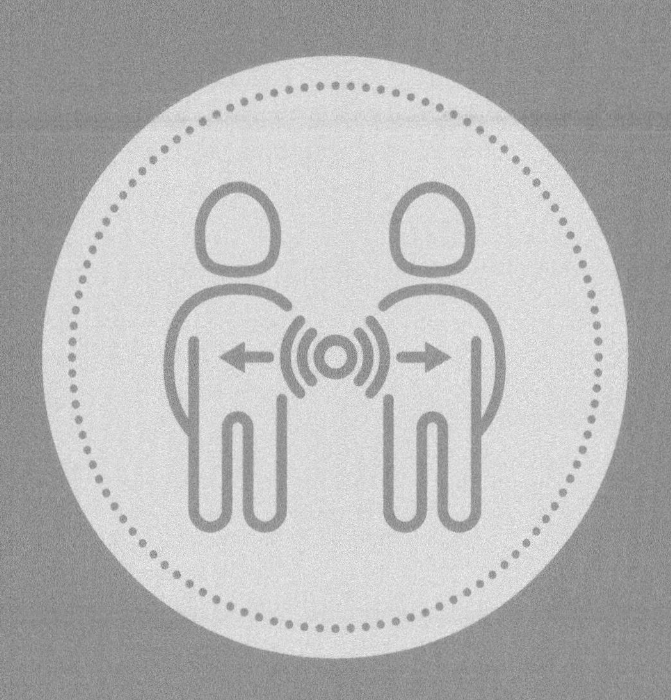

# 공감 커뮤니케이션

Service
Communication

# 공감 커뮤니케이션

## 1 리액션

상대방의 이야기에 반응을 보여줌. 상대방의 이야기에 경청을 하며 어미를 반복하는 경우도 있고 정말? 진짜? 등의 표현으로 반응할 수도 있다.

**• 고객과 점원 – 차가 막히는 시간에 운전을 하고 온 상황**

① 10분 거리인데 30분이 넘게 걸렸어요.

② 많이 기다리셨죠?

③ 죄송합니다.

① 10분 거리인데 30분이 넘게 걸렸어요.

– 어머, 정말요? 힘드셨겠어요. ⓞ

– 1시간 안 걸린 게 다행이네요. ⓧ

– 차가 막히는 시간에 딱 맞춰서 오셨네요. ⓧ

– 그러게 일찍 출발하시지… ⓧ

– 아~그렇군요. ⓧ

– 길을 돌아오셨어요? ⓧ

– 네비게이션 고장 났어요? ⊗

– 운전을 잘 못 하시나봐요. ⊗

② 많이 기다라셨죠?

– 괜찮아요. 오시느라 고생하셨어요. ⊙

– 네 쫌~ ⊗

– 목이 빠지는 줄 알았어요. ⊗

– 저 원래 시간관념 철저한 사람인데… ⊗

③ 죄송합니다.

– 아니에요 괜찮아요. ⊙

– 네, 다음에 안 늦으시면 되죠. ⊗

– 다음 번에는 일찍 출발하세요. ⊗

– 뭐 죄송할 것까지야… ⊗

## 2 감탄사

의미는 없지만 의사소통 시 상대방에게 공감을 표현할 수 있다.

와, 아~, 어머!, 오~(신조어: 올~, 헐~, 헉~, 대박!) 등 의미는 없지만 상대방에게 경청을 하고 있음을 표현하는 것으로 감탄사를 적절하게 사용하면 좋은 커뮤니케이션이 될 수 있다.

* 주의 : 감탄사는 꼭 호흡과 함께 표현해야 진정성이 보인다.

● **자신이 자주 사용하는 감탄사는 무엇인가?**

● **다음 문장의 앞 부분에 적절한 감탄사를 넣어보세요.**

_______________ 이 케이크 정말 맛있겠다.

_______________ 넘어졌다구?

_______________ 우리 진짜 득템했어.

_______________ 이거 정말 나 주는 거야?

## 3 접속사

커뮤니케이션에서 접속사를 사용하는 경우 주의할 점이 있다. 끝을 올리느냐 아니면 내리느냐에 따라 상대방과의 소통을 위해 주의해야 한다. 이 접속사 하나에도 감정이 표현될 수 있다. 호흡을 사용하느냐 안 하느냐에 따라 어감이 달라져 상대방의 이야기를 경청할 때 꼭 호흡을 사용하여 반응한다면 서비스 커뮤니케이션에서도 고객과의 소통이 한층 수월해질 수 있다.

그래서~
→ 다음 이야기를 이어갈 때 표현
그래서요~

그래서? ↗
(친절하지 않음)
그래서요? ↗

(호흡을 들이마시고)
그래서? ↗
(상대의 이야기에 경청 중)
(호흡을 들이마시고)
그래서요? ↗

그래서 ↘
(친절하지 않음)
그래서요 ↘

(호흡을 들이마시고)
그래서 ↘
(상대의 이야기에 경청 중)
(호흡을 들이마시고)
그래서요 ↘

그런데 ↗ or ↘
(친절하지 않음)
그런데요 ↗ or ↘

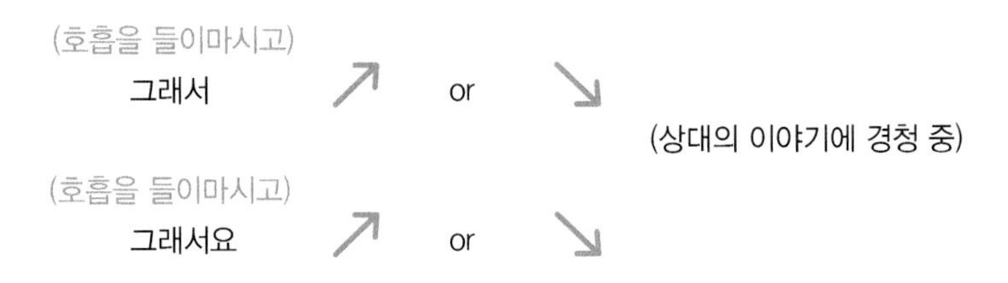


## 4 아이스 브레이킹

아이스 브레이킹ice breaking이란? 처음 만난 사람이나 서먹서먹한 관계에서 어색한 분위기를 전환하거나 깨뜨리는 것을 말한다. 누구든지 사람을 처음 만나게 되면 편할 수는 없다. 특히 처음 만나는 고객을 대할 때 상황에 따라 고객이 편안함과 친절함을 느낄 수 있는 서비스가 될 수 있는 커뮤니케이션이다.

아이스 브레이킹을 잘하는 서비스 제공자가 될 수 있도록 노력해야 한다.

다음 질문들을 잘 활용하도록 한다.

- 어떤 색깔을 좋아하십니까?
- 한 달간의 휴가가 생긴다면 어디를 가고 싶으십니까?
- 즐겨보는 TV 프로그램은 무엇입니까?
- 어떤 버킷리스트가 있으십니까?
- 요즘 가장 고민이 되는 일은 무엇입니까?
- 가장 재미있게 본 책은 무엇인가요?
- 좋은 영화 한 편 추천해 주시겠습니까?

- 혹시 연예인 누구 닮았다는 얘기 들으신 적 있죠?
- 좋아하는 운동이 있으십니까?
- 사람들이 부르는 별명이 있으십니까?
- 오늘 날씨가 너무 좋지요? 이런 날 뭐하면 좋을까요?
- 야식으로 주로 어떤 음식 좋아하세요?

아이스 브레이킹의 질문을 보면 면접에 나오는 질문과 유사하다.

## 5 라포형성

라포Rapport란? '다리를 놓다'라는 프랑스어라고 한다. 상대방과의 대화 속에서 형성되는 친밀감이나 신뢰 관계를 만들어가는 것인데 어떤 주제로 상대방과 같은 공감대가 형성이 되면 친근감을 느껴 대화를 이어나가는 데 수월하게 된다. 처음 만난 사람과 연결고리를 찾기 위해 다리를 놓아 상대방과 나 사이에 커뮤니케이션 속에서 공감대를 만드는 것을 라포 형성이라고 한다. 라포 형성 방법에는 언어적인 부분과 비언어적인 부분이 있는데 비언어적인 부분에서 첫 만남에서 적절한 행동을 상대방에게 맞춰 간단한 동작을 따라 하는 것만으로도 상대방에게 친밀감을 줄 수 있다고 한다.

중요한 것은 상대방의 말을 적극적으로 경청하며 상대방이 어떤 말을 하는지 생각하여 정리하고 내가 말하고자 하는 목적을 최대한 간단하게 말하는 것이 좋은 커뮤니케이션이다. 라포 형성을 위해서는 긍정적인 에너지가 필수이다. 아인슈타인은 "질문은 정답보다 중요하다"라고 했는데 질문은 상대방과의 라포 형성을 위해 중요한 영향을 끼친다.

- 이상형이 어떻게 되십니까?(상황과 연령에 맞게)
- 첫사랑은 어떠셨어요?
- 요즘 많이 덥죠? 또는 춥죠?(날씨를 고려해 음식을 연결시켜도 된다.)
- 요즘 ○○○이 핫 플레이스라는데 아세요?
- 로또에 당첨되면 무엇을 하고 싶으십니까?
- 데이트하고 싶은 연예인이 있으세요?
- 스트레스 해소는 어떻게 하십니까?

# Service Communication

제 6 장

# 존중 커뮤니케이션

Service
Communication

# 존중 커뮤니케이션

## 말투

말투는 자신이 평소에 어떻게 사용하는지에 따라 상대방에게 평가를 받는 기준이 될 수 있다. 말을 하는 평소 버릇과 모습(모양)이 그 사람의 습관이나 성격을 짐작할 수 있는 판단의 기준이 되기도 한다. 급한 말투, 냉정한 말투, 더듬는 말투, 느린 말투, 꼼꼼한 말투, 틱틱거리는 말투, 야무진 말투 등 그 사람의 성격을 예측할 수 있다. 또한 말투는 시간과 장소에 따라 달리 사용되기도 한다. 친한 관계에서의 말투, 웃어른을 대할 때의 말투, 어린아이들을 대할 때의 말투 등 목적과 상황, 연령에 따른 말투를 아주 적절하게 사용해야 한다.

**상담사례 1 : 저의 말투가 기분 나쁘다는 지적을 자주 받아요.**

사례자는 말투 때문에 고민이 있었다. 과연 무엇이 문제일까?
마음은 전혀 그렇지 않은데 제가 표현에 문제가 좀 있나 봐요. 제가 말을 하면 항상 '기분 나쁜 일 있어?', '말투가 왜 그래?' 이런 말을 듣습니다. 저에게 어떤 문제가 있을까요? 말하는 스타일에 문제가 있는 건가요? 마음은 그렇지 않은데…

우리는 때때로 마음과 표현이 의도하지 않은 대로 전달되는 경우를 볼 수 있다. 예를 들어 직장에서 "ㅇㅇ씨, 참 잘했어요. 훌륭해요. 이번 기획은 ㅇㅇ씨 때문에 성공할 수 있었어요. 너무 수고하셨어요"라고 말을 하는가 하면, "참! 굼벵이도 구르는 재주가 있다더니 어떻게 이번에는 잘 해냈네요!"라고 표현하는 사람도 있다. 이런 표현들은 평소 자신이 쌓아 놓은 신뢰를 바탕으로 나오는 것이다.

**• 고객 커뮤니케이션의 주의어**

에이~ / 그게 아니라~ / 치! / 흥 / 참나! / 그러든지
그렇게 하시든가요! / 그러시라구요! / 말을 못 알아들어~

**• 다음 문장들은 읽어보고 듣는 사람의 입장에서 생각해봅시다.**

너는 꼭 하라는 것만 하더라.

에이~ 너는 과자만 사오랬다고 과자만 사온 거야?

참나! 웬일이야? 밥을 다 사고!

(나도 참여할게) / 웬일로? 원래 집순이 아냐?

무슨 일 있어? 오늘따라 잘 차려 입게?

해가 서쪽에서 뜨겠네 !

아리스토텔레스는 이렇게 말했다. "사람들은 자신이 정말 믿고 좋아하는 사람에게는 증거가 구체적이지 않더라도 그것을 믿으려는 경향이 있다." 반대로 "자신이 싫어하고 믿지 못하는 사람에게는 확실하고 정확한 증거가 있다고 하더라도 그 말을 믿지 않는다." 말의 표현보다는 그 사람의 호감도가 신뢰에 중요한 영향을 미친다는 뜻이다.

## » 부자들이 하는 말투의 공통점

- 긍정적인 말투
- 의욕적인 말투
- 배려하는 말투
- 자신도 높이고 상대방도 높이는 말투
- 기분 좋아지게 하는 말투
- 적절한 제스처가 들어간 말투
- 어미처리가 명확한 말투
- 명쾌하고 듣기 좋은 말투
- 상대방이 공감하는 유머가 있는 말투

## » 자신의 발전을 위해 고쳐야 할 말투

- 공격적인 말투
- 냉정한 말투
- 비꼬는 말투
- 가르치는 말투
- 툭툭거리는 말투
- 정신 없는 제스처와 함께하는 말투
- 상대방을 무시하는 말투
- 어미를 흐리는 말투
- 욕설과 함께하는 말투

StoryTelling

어떤 그룹 본부의 설명회장에서 A직원이 마이크가 꺼진 줄 착각하고 "어차피 오늘 화상 설명회 내용 중에 직원들이 알기 원하는 내용은 없다"고 말했다. 해당 회사의 직원은 "내용 없는 설명회를 한 것도 문제지만, 그 말을 웃으면서 했다는 점이 더 문제"라며 "누가 들어도 이 화상 설명회에 참여한 직원들을 조롱하는 말투였다"고 했다. 이후 다른 직원이 마이크가 켜져 있는 것을 발견하고 황급히 종료한 것으로 알려졌다. 이를 지켜본 직원들은 각종 채널을 통해 소식을 전하며 강하게 비판했다. 내부 익명 게시판에 글을 올린 한 직원은 "지금 직원들이 얼마나 힘든지 알면서도 그렇게 웃으면서 (말)할 수 있냐"면서 "직원들을 바보로 생각하는지 잘 알 수 있었던 연수였다"고 했다. "이 회사 직원인 게 부끄럽고 원통하고 눈물만 흐른다"는 댓글이 달렸다. 이번 사건을 대하는 회사 측의 태도 역시 직원들의 분노를 샀다. 회사가 직접 관리하는 내부 게시판의 글은 불과 10분 만에 삭제됐고, 블라인드에 올라온 관련 글들 역시 하루 만에 사라졌다. 블라인드 글이 삭제되려면 다수의 신고가 접수되어야 가능하다. 이를 위해 직원들은 다른 부서에 해당 글을 신고해줄 것을 요청한 것으로 전해졌다. 논란이 커지자 회사는 진상 조사에 착수했고, 이는 임원진에게도 보고된 것으로 전해졌다. 관계자는 "조사 결과 '발표 내용 자체가 직원들에게 와 닿는 내용이 아니라 (발표자가) 힘들었겠다'는 말이었는데, 와전되면서 직원들이 다소 오해한 듯 하다"며 "큰 문제는 없는 발언"이라고 설명했다고 한다.

## 과제

**다음 사례자의 고민을 잘 읽어보고**
**본인 또는 주변에 사람들의 말투를 생각해 보기 바라며**
**사례자에게 도움이 되는 답변을 주시기 바랍니다.**

제가 말을 하면  말투가 무섭다고 사람들이 말을 할 때가 많아요.
"저는 평소 말을 할 때 너무 강하다는 소리를 자주 들어요. 평소에도 그렇지만 사람들 앞에서 발표를 할 때도 그래요.자신감 있어 보인다고 말하는 분들도 있지만 저를 좀 무섭고 불편해하는 사람들이 많은 것 같아요. 저는 어떻게 고치죠? 도대체 왜 그런 걸까요?"

# Service Communication

제 7 장

# 토론 커뮤니케이션

Service
Communication

제 7 장

# 토론 커뮤니케이션

토론 커뮤니케이션은 문제를 해결하거나 합의 도출을 위해서, 사람들이 모여 의견을 나누는 집단적 스피치 커뮤니케이션의 형태이다. 토론에서는 결과나 결론을 도출해내기 위해 나와 다른 의견 또는 같은 의견이 생길 수 있다. 정확한 기준이 없고 생각과 의견을 모아야 하는데 물론 각자의 주장, 근거제시, 단어나 말, 말투, 반응 하나하나 신경을 써야 한다. 그래서 가장 기본이 되어야 하는 것은 상대 토론자에 대한 예의와 존중이다.

"

사람은 입은 하나, 귀는 둘이 있다.
두 배로 들어라.

– 탈무드 –

"

"

부드러운 말로 상대방을 설득하지 못하는 사람은
위엄 있는 말로도 설득하지 못한다.

– 안톤세홉 –

"

## 1 의견제시기법

앞서 의견을 제시한 발언자를 존중하는 것이 중요하지만 확실한 근거를 가지고 자신의 의견을 제시하는 것은 더욱 중요하다. 상대방의 의견을 끝까지 듣지 않고 중간에 끼어들거나 자신이 아무리 좋은 의견일지라 하더라도 시간분배에 주의해야 한다.

▶ **나의 의견에 대한 타당한 이유와 근거를 제시한다.**

토론이란 나의 의견이나 주장을 다른 사람들에게까지 납득이 갈 수 있도록 설득하는 것이므로 나의 의견에 대해 타당한 근거를 제시하여 관철시키도록 한다.

▶ **상대방의 입장에서 다음 의견이나 주장을 예측할 수 있어야 한다.**

상대의 입장에서 반대 의견이 제시된다면 주장하는 쪽이 어떠한 이야기를 할지 미리 예측하고 생각하는 것이 중요하다. 그렇게 되면 어떻게 대응할 것인지 결정하고, 미리 준비할 수 있기 때문에 반박을 통해 내 의견에 가까워지도록 할 수 있다.

**규칙을 지키고 예의를 갖춘다.**

간단한 토론에서도 과정과 규칙이 중요하다. 토론 사회자는 찬성측과 반대측에게 주장할 기회를 공평하게 하고 한쪽으로 치우치지 않도록 진행해야 한다. 혼자서만 너무 발언권을 독점하거나, 상대의 말을 무시하면 안 되고 예의를 갖춰 토론에 임하도록 한다.

**타인의 의견을 경청한다.**

나의 의견도 상대방의 의견도 중요하다는 것을 명심하자. 토론은 서로 반대의 의견을 가지고 있더라도 하나의 의견으로 정리하여 문제점을 해결하거나 대안을 제시할 수 있어야 한다. 의견을 하나로 모으기 위해서는 서로의 다른 의견에도 귀를 기울어야 한다.

## 2 토론 면접 준비와 태도

**시사와 상식에 대한 관심과 폭넓은 지식을 쌓고 준비하라!**

토론 주제는 기업의 직무뿐만 아니라 최근 시사나 사회문제가 주어질 수 있기 때문에 평소에 뉴스와 정보들을 읽고 의견을 정리한다.

**타당한 근거를 가지고 적극적이고 자신 있게 말하라.**

토론면접에서는 기회에 따라 자신의 의견을 정확하게 어필하는 것이 중요하다. 토론면접은 결과에 대한 의견을 취합해야 하므로 발언 기회를 스스로 만들어 적극적으로 의견을 말해야 한다.

▶ **예의 바르게 경청하고 의견을 정리하라!**

토론의 기본은 상대방의 의견을 경청하는 것이다. 물론 자신의 의견을 펼치는 것도 더욱 중요하다. 상대방이 의견제시를 할때 중간에 흐름을 끊는 태도는 면접관이 좋게 볼 수가 없다. 반대되는 의견이라 하더라도 경청하고 타당한 의견은 수용하는 태도를 보여야 한다.

### » 평가요소

## 3 토론 실습

1) 혼자서 떠나기 좋은 여행지 3곳을 선정하시오.
2) 좋은 리더의 자질에 10가지와 그 이유에 대해 토론하시오.
3) SNS의 장점과 단점에 대해 토론하시오.
4) 최근 이슈가 되고 있는 주제를 정해 토론하시오.
5) 사회적 물의를 일으킨 연예인의 방송복귀에 대해 토론하시오.
6) 한국을 처음 방문하는 외국인에게 추천하고 싶은 한국음식 5가지를 선정하시오.
7) 회사를 설정하고 대표 모델을 선정하시오.

8) 한국식 만 나이에 관한 찬반을 정하여 토론하시오.

9) 모두가 면접관입니다. 서비스 직종과 담당업무를 정하고 어떤 인재를 채용할 것인지 면접 평가 리스트를 작성하시오.

10) 차별화된 서비스를 만들고 서비스의 홍보문구를 만드시오.

Service Communication

제 8 장

# 고객 접점 커뮤니케이션

Service
Communication

제 8 장

# 고객 접점 커뮤니케이션

## 1 MOT란?

MOT란? 스페인의 투우사가 소의 급소를 찌르는 순간을 의미하는 용어로 '모멘트 드 라 베르다드Moment De La Verdad'를 영어로 모멘트 오브 트루스Moment of Truth이다.

말 그대로 '진실의 순간', '결정적 순간'이라는 뜻인데 스웨덴의 마케팅 전문가 리차드 노만R. Norman이 처음 사용하고, 스칸디나비아항공SAS의 얀 칼슨Jan Carlzon 사장이 1987년 〈진실의 순간Moment of Truth〉라는 책을 내면서 알려졌다. 스칸디나비아항공 고객이 예약 전화를 후 공항카운터를 방문하고 티켓을 수령 후 탑승하고, 기내서비스를 받고 공항을 나오는 등 모든 순간에 고객이 항공사와 함께 한다는 서비스를 느낄 수 있도록 광고와 높은 수준의 서비스를 제공하는 MOT

마케팅을 도입하면서 적자경영을 흑자경영으로 전환하는 결과를 낳았다. 곱셈의 법칙(100−1=99가 아니라 100×0=0이라는 법칙)은 고객 접점의 순간에서 최상의 서비스를 해야 한다고 강조한다. 고객이 여러 번 최고의 서비스를 경험했다 하더라도 한 번의 불만족을 느끼면 결국 여러 번 받았던 최고의 서비스의 만족도가 0이 되므로 고객과 접촉하는 순간순간이 중요하다는 것이다.

## 2 MOT Cycle이란?

고객의 입장에서 처음 접촉하는 서비스부터 서비스의 마무리까지 전체 과정을 원으로 동선을 만들어 그려내는 것인데 고객이 경험하는 포인트마다 만족하는 서비스를 할 수 있도록 접점마다 체크하는 것이 중요하다. 10−10−10법칙에 의하면 고객을 유지하는 데 10달러, 고객을 잃어 버리는 데 10분, 고객을 다시 찾는 데 10년이라고 한다. MOT의 중요성은 하나의 고객 접점으로 고객은 전체의 서비스를 판단하고 평가할 수 있다. 고객은 좋은 서비스보다는 좋지 않았던 기억의 서비스 경험을 더욱 더 잘 기억하고 오랜 시간 남아 있기 때문에 서비스 접점의 체크는 꼭 필요하다. 통나무 조각으로 만든 물통은 여러 조각의 나무를 묶어서 만들었기 때문에 어떤 한 조각이 높이가 낮거나 어느 한 조각이 깨지기라도 한다면 물을 가득 담을 수 없게 된다. 고객에 대한 서비스 면에서도 접점 하나하나 고객의 경험은 그 기업을 평가하는 데 중요한 평가 기준이 된다. 서비스직의 면접에서도 인재를 신중히 채용해야 하는 이유는 고객접점의 일선에 배치될 직원 한 사람으로 인해 그 기업의 전체가 평가될 수 있기 때문이다. 고객접점은 고객 중심으로의 서비스 품질 개선을 위해 반드시 필요하다. 고객은 하루에도 수십 번의 접점을 경험하는데 전화를 걸어 문의할 때, 주차장을 이용할 때, 직원들과 마주쳤을 때 등의 모든 것들이 접점에 해당한다. 이렇듯 수많은 접점 중에서 한 가지라도 좋지 못한 서비스를 받았다고 느끼는 고객은 만족할 수 없게 되고 고객만족을 위한 노력은 사라지고 안 좋은 이미지로 평가 받게 된다. MOT가 15초 안에 고객을 만족시켜야만 하는 것처럼 접점에 대한 관리는 서비스의 개선 노력, 고객만족과 기업의 이미지를 고객에게 그려주는 것이다. 고객접점마다 우수하고 친절한 직원들을 배치하는 것과 꾸준한 교육을 통해 서비스의 가치를 높여야만 한다.

» 스칸디나비아 항공 MOT Cycle

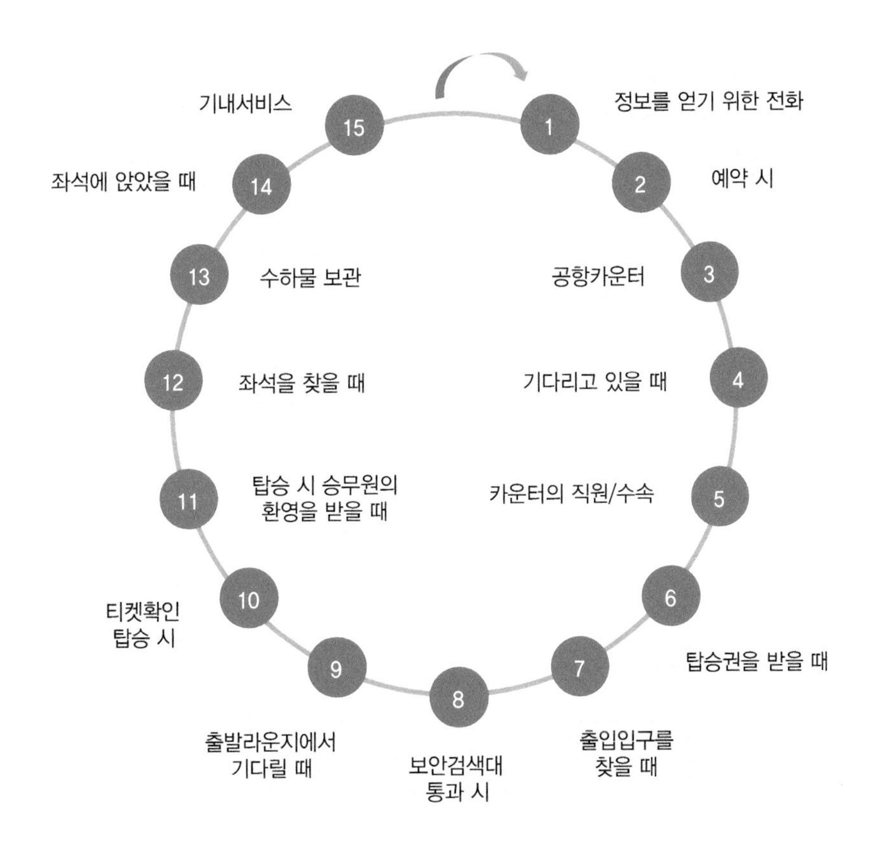

## » 계절 온도에 따른 고객접점의 예

매장 문을 열자마자

여기 왜 이렇게 더워요? / 여기 왜 이렇게 추워요?

**답변 1)** 기다리세요. 에어컨 방금 틀었어요.
기다리세요. 히터 방금 틀었어요.

**답변 2)** 많이 더우시죠? 에어컨 온도 낮춰서 금방 시원해지실 거예요.
많이 추우시죠? 히터 온도 높여서 금방 따뜻해지실 거예요.
제가 무릎 담요 좀 가져다 드리겠습니다.

## » 실내 음향 효과에 따른 고객접점의 예

음악이 너무 시끄러워요!

**답변 1)** 스피커가 가까운 자리라서 그래요.

**답변 2)** 네~ 많이 불편하시죠. 볼륨을 좀 줄여 드릴게요. 스피커 가까운 자리라서 혹시 나중에도 불편하시면 말씀해 주세요. 조용한 자리로 바꿔 드리겠습니다.

## 3 MOT 구성요소

3가지 요소 중 어느 것 하나 중요하지 않은 것이 없다. 3가지 요소에 각각 속하는 세부 요소들이 고객 접점을 관리하고 개선하여 기업들은 차별화된 최고의 서비스를 위해 노력을 기울이고 있다.

StoryTelling

리츠칼튼(Ritz-Carlton)은 특1급의 호텔로 유명한 서비스 일화가 있다. 어느 날 호텔을 이용했던 고객으로부터 한 통의  전화가 걸려왔다. “저는 어제 그 호텔에서 묵었던 사람인데 제가 그곳에 가방을 두고 왔습니다. 어떻게 하면 좋죠? 정말 중요하고 지금 당장 필요한 물건입니다.”라며 다급하게 자신의 상황을 전했다. 그런데 그 손님이 있던 곳은 하와이였고 그 손님이 묵었던 호텔은 미국 본토에 있었다고 한다. 이러한 상황에서 직원은 어떻게 대처했을까? 그 직원은 함께 있던 직원에게 “고객에게 중요한 전화가 와 일을 처리하러 가야 하니 본인 대신 여기 좀 봐주십시오.”라고 한 뒤 비행기를 타고 하와이로 날아가 가방을 그 손님에게 무사히 전달했고 한다. 미국 본토에서 하와이까지 고객이 실수로 놓고 간 가방을 위해서 비행기를 타고 왔다는 사실에 그 고객은 정말 감동을 하였고 서비스를 무사히 수행한 직원은 돌아와 호텔 측으로부터 ‘정말 수고했다’는 칭찬과 함께 상을 받았다고 한다. 호텔 측에서 계산을 해 보니 직원이 서비스를 하기 위해 하와이까지 다녀온 비용은 3,000달러였으나 고객만족의 효과는 약 300만 달러 이상의 효과가 있다고 했다.

리츠칼튼 밀레니아 싱가포르(The Ritz-Carlton Millenia Singapore) 호텔은 전 세계 리츠칼튼 체인 중에서도 객실의 수준이 가장 높다는 평가를 받고 있다. 호텔 곳곳에 예술가들의 작품을 전시하고 있고 싱가포르를 여행하는 사람들이 가장 머물고 싶은 호텔로 꼽힌다. 가장 눈여겨볼 곳은 객실의 욕조인데 팔각형 모양의 창문 옆에 위치하여 경치를 감상하며 반신욕을 즐길 수 있다. 객실에 비치된 비품은 불가리 제품이고 싱가포르의 유명한 건물인 마리나베이가 한눈에 들어오는 전망이 정말 좋은 호텔로도 유명하다.

## » 리츠칼튼(Ritz-Carlton)호텔

**• 커뮤니케이션과 관련된 최고의 서비스를 위한 기본 수칙**

– 미소를 지어라.

– 우리는 무대에 서 있다.

– 항상 적극적으로 눈맞춤을 한다.

– 고객에게 적절한 단어를 사용한다.
(Hello, Hi, OK 같은 가벼운 단어는 사용하지 않는다.)

– 팀워크를 유지하라.

– 우리 모두는 신사숙녀에게 서비스를 제공하는 신사숙녀이다.

– 긍정적인 근무 환경을 조성해 직원 상호 간의 서비스를 행한다.

– 항상 긍정적인 태도로 대화하고 부정적인 말을 하지 않는다.

– 고객 불편 사항을 즉각적으로 해결하기 위해 모두가 노력한다.

– 고객이 원하는 서비스에 대해 10분 이내에 대처한다.

– 동료와 매니저와의 의사소통을 위해 고객불편사항 처리 양식을 활용하고 고객만족을 위해 집중하라.

– 고객의 개인적인 문제를 동료나 매니저와 이야기하지 않는다.

– 고객이 호텔 내의 다른 장소에 대해 물으면 직접 안내하라.

– 호텔 안내정보를 숙지하고 고객의 질문에 응답하도록 한다.

– 전화벨이 3번 울리기 전에 수화기를 들고 미소를 지어라.

– 복장은 항상 청결하고 신발은 빛나게 한다. 자신의 이름표를 착용한다.

– 도움이 필요한 위험상황, 부상, 필요한 장비는 상사에게 즉시 알린다.

과제

## 나의 경험 장소 MOT Cycle 만들기

**장소명 :**

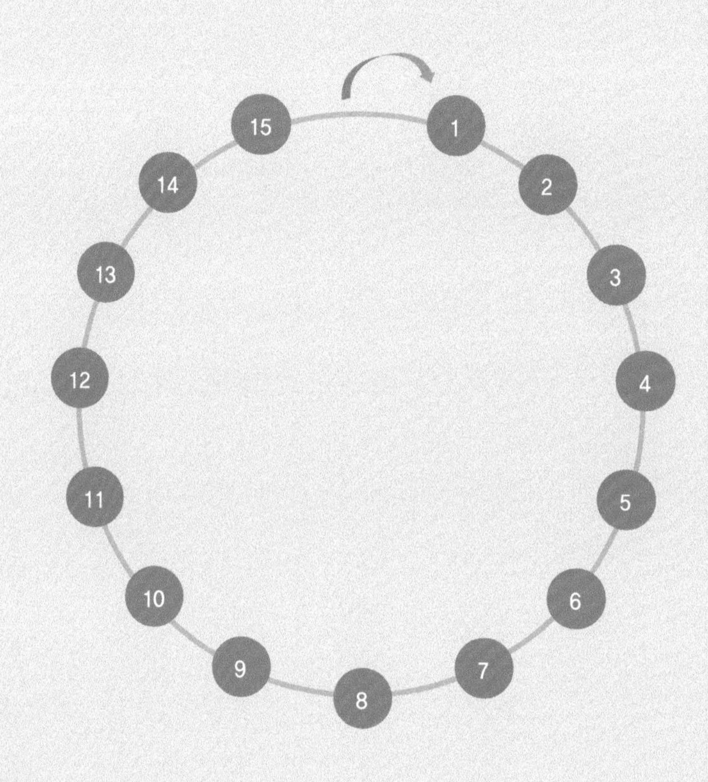


1) 직원의 태도와 말투는 어떠한가?

2) 고객으로서 방문한 장소에 대한 느낌은 어떠한가?

제 9 장

# 면접 커뮤니케이션

Service
Communication

# 면접 커뮤니케이션

## 1 면대면 면접

면접은 사람과 사람의 대화이다. 하지만 일상의 대화를 나누는 것이 아니라 업무에 적합한 인재인지, 그 인재에 부합되는 지원자인지를 말로 표현해야 한다. 면접관과의 의사소통으로 질문이 주어지면 그 의도를 파악하고 답변해야 한다. 물론 면접관과 면접자의 관계로 인해 면접자는 긴장이 되고 어떻게 하면 좋은 인상을 줄 수 있을까에 대한 부담이 있다. 자기 자신에 대해 최대로 어필할 수 있는 표현과 지원 직무와 연결해 경험을 바탕으로 책임 있게 임무를 수행할 것이라는 신뢰감을 심어야 한다.

### » 면대면 면접 시 꼭 지켜야 할 사항

① 자세는 정말 중요하다.(선 자세, 앉은 자세, 인사자세)

② 줄임말 사용을 금지한다.

③ 자신 있는 목소리와 적절한 톤, 말의 속도가 중요하다.

④ 정확한 발음으로 확실한 전달력에 신경 써야 한다.

⑤ 답변이 막히는 경우 목소리가 갑자기 낮은 톤이 되거나 작아지면 안 되고 어미처리도 흐리지 않도록 주의한다.

⑥ 어~. 음~ 등의 습관을 면접 시 사용하지 않도록 한다.

⑦ 꼬리질문이나 압박 질문을 받았을 때 당황하더라고 미소를 유지해야 한다. 요체보다 까, 다체를 사용한다.

⑧ 시선처리는 눈동자만 굴리지 말고 만약 두 분 이상의 면접관이라면 답변 시 한 분의 면접관만 바라보지 말고 적절한 시선처리를 나눈다.

⑨ 다대 면접이라면 항상 대기미소를 잃지 않도록 유의해야 한다.

⑩ 면접이 끝나고 대기실까지 이동할 때도 끝까지 매너를 지킨다.

* 면접장 밖에도 눈이 있다. = 직원도 제2의 면접관이라는 사실을 기억하라.

## » 면접관이 싫어하는 유형의 지원자

**2015년 취업포털 잡코리아(www.jobkorea.co.kr)가 면접에 참여한 면접관 202명을 대상으로 '꿀불견 지원자'에 관해 설문 조사(복수응답)**

▲ 면접시간에 늦은 지각 지원자(38.1%)가 1위

▲ 면접 규정에 어긋나거나 어울리지 않는 복장의 지원자(34.3%)

▲ 경험이나 성과를 부풀리는 허풍 지원자(30.9%)

▲ 채용기업에 대한 정보가 부족한 성의부족 지원자(27.1%)

▲ 자신감 없는 태도로 일관하는 무기력 지원자(26.0%)

출처 : 파이낸셜 뉴스

**2017년 인사담당자 756명을 대상으로 실시한 '인사담당자가 뽑은 최악의 면접 지원자 유형' 설문**(취업포털 잡코리아)

- 면접장에 지각하는 지원자가 응답률 59.4%로 1위
- 회사에 대한 정보도 없이 면접에 임하는 지원자(35.3%)
- 자신감 없는 태도로 일관하는 무기력한 지원자(30.3%)
- 면접에 어울리지 않는 과한 복장과 액세서리를 한 지원자(28.7%)
- 질문과 상관없는 대답만 하는 동문서답 지원자(21.7%)
- 면접장에서 이해할 수 없는 줄임말과 신조어를 쓰는 지원자(21.6%)
- 높임말을 제대로 사용할 줄 모르는 지원자(21.3%)
- 면접 도중 핸드폰이 울리는 매너 없는 지원자(18.0%)
- 이력서에 쓴 것과 다른 모습을 보이는 지원자(14.2%)
- 지나치게 과한 의욕과 자신감을 보이는 지원자(10.3%)

출처 : ©베리타스알파

## » 싫어하는 유형의 면접자들을 대하는 면접관의 태도

- 질문을 하지 않는다.
- 평이한 질문만 한다.
- 시선을 주지 않는다.
- 아무런 내색도 하지 않고 면접을 진행하다가 채용에서 탈락시킨다.
- 준비한 질문을 다 하지 않고 면접을 서둘러 마무리한다.
- 충고해주고 돌려보낸다.

## » 좋아하는 유형의 면접자들을 대하는 면접관의 태도

- 여러 가지 질문을 한다.
- 더 친절하게 대한다.
- 농담을 던진다.
- 아이컨텍을 더욱 하게 된다.
- 지원자의 자료를 더 꼼꼼히 살피게 된다.

**면접관에게 호감 가는 인상을 주기 위해선 어떻게 해야 할까? 인사담당자들을 대상으로 '면접관에게 호감을 주는 면접 에티켓'에 관해 조사한 결과**

▲ 면접장에 미리 도착하여 준비하는 지원자가 응답률 50.0%로 1위
▲ 기업정보를 미리 파악하고 평소 궁금한 사항을 질문하는 지원자(41.3%)
▲ 모르는 질문에는 솔직하게 모른다고 답변(37.0%)
▲ 면접관이 들어왔을 때 일어나서 인사하는 지원자(30.4%)
▲ 묻는 질문에만 간결하게 대답하는 지원자(13.9%)

출처 : 베리타스알파

## » 면접관이 싫어하는 유형의 지원자

헤럴드 경제에서 실린 [청년실업] 면접관이 싫어하는 '밉상들'

- **자동차 D사** – "저는요 ~했구요." "~한 것 같아요" 등의 불명확한 말투나 가벼워 보이는 어투는 지양해야 한다. 지원자들 사이에서 두드러지는 '줄임말' 남용도 경계해야 한다. 일례로 알바(아르바이트의 줄임말), 취준(취업 준비의 줄임말) 등의 표현은 일상 생활에서 쓰는 표현일지라도 면접에서는 쓰면 안 된다. 무의식 중에 나오는 말투, 표현 하나하나 면접관은 지

커보고 있다고 강조했다.

- **전자 B사** – 다리를 떨거나 심지어 다리를 꼬고 앉아 답변하는 경우도 있다며 자신감이 부족하고 무례하게 보인다고 평가했다.
- **호텔 및 리조트 C사** – 남자고 여자고 과도한 향수는 민폐라고 꼬집었다.
- **백화점 E사** – 면접 대기 시 다른 지원자들에게 '어떤 회사를 지원했는지', '다른 곳에 합격한 곳은 있는지', '합격하게 되면 어디 입사할 건지' 등 부적절한 질문을 남발하는 지원자들은 "꼴불견"이라고 말했다. 설상가상으로 면접 대기 장소에서 다른 회사에 합격한 사실을 자랑스럽게 이야기하는 사람도 있다고 덧붙였다.
- **화학업계 F사** – 면접 대기실에서 노트북으로 타사 홈페이지를 공부하고, 심지어 그 회사의 인적성 검사 문제집을 구매하는 모습을 보이는 '용감괘씸'한 지원자도 있었다고 전했다.
- **G그룹** – 회사에 대한 기본적인 배경지식이 없는 지원자들이다. '무조건 열심히 하겠습니다', '입사 후 처음부터 배우겠습니다'를 연발하는 지원자도 있다며 모두 반갑지 않다고 잘라 말했다.

출처 : 헤럴드경제

## ② 비대면 면접

비대면 면접을 시행한 P항공사는 카카오톡 화상통화를 사용해 면접이 시행되었다. 면접자 1명에 2명 이상의 면접관이었는데 면대면 면접 시보다 평균적으로 더 많은 질문을 받아 자신을 어필할 수 있는 기회가 되었다. 비대면 면접

또한 대면 면접만큼 철저하게 준비를 해야 한다.

### » 비대면 면접 준비와 주의사항

① 적절한 장소를 선택한다.(통신 상태 고려- 특히 WiFi를 이용하는 경우)

② 뒷배경을 고려한다.(면접 복장에 따라 예를 들어 어두운 정장에 어두운 배경은 피해야 한다.)

③ 통신장비는 적절한 높이에 흔들리지 않도록 고정한다.

④ 조명을 고려해 본인의 모습을 잘 어필하도록 한다.

⑤ 통신 장비의 오디오나 마이크 상태를 미리 점검한다.

⑥ 화면을 켜기 전부터 대기 미소를 하는 것을 잊지 마라.

⑦ 평소 말의 속도보다 더욱 천천히 해야 한다.

⑧ 시선은 위쪽의 카메라에 꼭 고정하지 않아도 되나 아래쪽으로 향하지 않게 한다.

⑨ 긴장되고 당황하더라고 손이 머리에 가거나 손을 올리는 행위는 피한다.

⑩ 답변이 막힌다고 목소리가 작아지거나 어미를 흐리면 안 된다.

⑪ 주변에 소음이 나지 않도록 한다.

⑫ 면접관이 연결을 끝내기 전에 본인이 먼저 끝내지 않는다.

## 3 AI 면접

### » AI 면접이란?

AI 면접은 PC에 설치된 웹캠을 통해 AI가 지원자의 표정과 음성, 문자에 사용하는 단어 등의 정보를 분석한 뒤 기업이 추구하는 역량에 얼마나 부합하는 인재인지 적합도를 산출하는 방식이다. 화상면접이나 AI 면접을 통해 인재를 채용하는 기업이 늘어나고 있고 면접과 채용방식이 다양해지고 있으므로 AI 면접유형, 인성 면접 등 다양한 면접을 미리 준비해야 한다. AI 면접은 모니터링을 통해 녹화한 뒤 영상을 분석해서 나에게 맞는 화상면접에 대한 포인트 제공하는데 "뷰인터 서비스"를 통해 무료로 면접 연습을 해볼 수 있다. AI 면접 공개 설정은 결과보기에서 설정 가능하며, 높은 점수의 AI 면접 결과를 매칭 요청할 때 공개해 두면 취업 합격률이 높아진다고 한다. AI 면접이 효율성이 높고 시간적, 공간적 제약이 없기 때문에 기업에서는 선호하고 있다고 한다. 앞으로도 많은 기업에서 AI 면접과 비대면 면접을 확대할 가능성이 있으므로 미리 대비하여 취업에 유리할 수 있도록 한다. 중소벤처기업진흥공단에서는 인공지능 면접이나 AI 면접에 대비하는 뷰인터 서비스를 제공하면서 취업을 준비하는 지원자들에게 좋은 기회를 제공하고 있다. 태도평가나 성향평가, 역량검사, AI 게임 등 다양한 검사가 있는데 AI 면접 프로세스 중에는 뇌과학을 분석하여 활용하는 게이미피케이션으로 구성되어 있다. 감정 맞추기에서는 표정(보편적인 7가지 표정-분노, 놀람, 역겨움, 슬픔, 공포, 기쁨, 경멸)을 잘 인지하고 인식하는 사람은 상대방의 감정을 알아내는 데 탁월하다고 한다. 게임 부분에서는 실제 자신의 능력을 솔직하게 보여주라고 충고한다. AI가 평가한 면접을 인사 담당자가 모니터링 할 수도 있기 때문에 신경을 써야 한다.

### » 안면등록

뇌신경과학을 기반으로 지원자의 표정이나 음성, 맥박, 언어, 얼굴색 등을 분석한다. 정해진 면접 날짜에 URL 접속 지원자가 원하는 시간과 장소에서 응시 가능하다는 용이함이 있다.

### » 구술면접 / 기본면접

자기소개와 지원 동기, 자신의 장단점을 준비는 구술면접(AI 면접, 대면 면접, 비대면 면접)에서 준비해야 하는 공통적인 질문으로 AI 면접에서는 30초 정도 생각하고 90초 이내로 답하면 된다. 자기소개와 같은 기본 질문이라 생각하면 되는데 어떠한 기업이든 기본적으로 준비해야 하는 필수 항목으로 자신을 잘 어필할 수 있도록 준비한다.

### » 인성검사

150문항 내외의 문제가 나오는데 많은 경우 300문항을 출제하는 기업도 있어 기업마다 인성검사의 출제 유형이 다르다.1초에 1개씩 답을 해도 시간 조절이 필요하니 시간 체크를 잘하도록 하고 체크한 후에는 수정이 되지 않으니 주의해야 한다. 지원자들의 특성을 분석하기 위한 검사이므로 직관적인 판단과 신속하고 솔직힌 답변이 중요하다.

### » 상황면접

"10년 만에 만난 동창이 보험에 가입해 달라고 권유한다면 어떻게 이야기하겠습니까?" 제시된 상황에 대한 상황 대처능력을 확인하기 위한 질문이다. 또한 기업별에 따라 상황 질문 사례가 다를 수 있다. “상사가 1000명의 고객에게 만족도 조사를 하라고 했는데 턱없이 부족한 시간으로 제 시간에 끝낼 수 없을 것이라 생각될 때 뭐라고 하시겠습니까?” 외에도 여러 유형의 질문이 있다.

### » 게이미피케이션-뇌신경과학 기반 게임

직무별로 주어진 뇌신경과학 기반 게임으로 지원자들이 게임을 진행하는 것으로 지원자의 행동 패턴, 풀어나가는 방식 등 분석된 역량을 지원한 직무의 역량을 잘 수행할 수 있는지 체크하는 것이므로 게임을 잘하는 것이 중요한 것이 아니라 지원자의 게임 진행방식이 중요하다. 8개의 직군에 따라 게임이 선정되는데 서비스, 엔지니어, 생산직군, 경원지원, 영업–마케팅, 디자인, 생산관리 등으로 게이미케이션의 대표적 게임으로는 도형 맞추기, 풍선 키우기, 원반 쌓기, 표정 맞추기, 순서 정하기, 타일 맞추기 외에도 다양한 게임들이 있다

### » 심층/구조화 면접

지원자의 강점과 약점을 기반으로 심층구조화 질문이 주어진다. 질문에 ‘예/아니요’로 답하면 답변에 따라서 보다 심층적인 질문이 2번 더 이어진다. 제한 시간은 60초이고 답변 시간은 60초이다. 예를 들어 이러한 질문이다. ‘필요에

따라 사소한 규칙을 어긴 적이 있는가?(예 / 아니요)'에서 "예"라고 답한 경우 "어긴 규칙 중 가장 심각했거나 피해본 일은 무엇인가?"처럼 심층질문을 받게 된다. 일반 대면 면접에서도 꼬리 질문이나 압박 질문처럼 "예" 또는 "아니요"의 대답에 따라 질문이 이어진다.

또 다른 질문의 예는 '경쟁 상황이 주어지면 이겨야 한다고 생각합니까?(예 / 아니요)'에서 "예"라고 답한 경우 "그렇다면 당신에게 경쟁의 의미란 무엇인가?" 외에도 다양한 문제들이 있다.

**표정의 종류 - 보편적인 7가지 표정**

분노(Anger)

놀람(Surprise)

혐오(Disgust)

슬픔(Sadness)

공포(Fear)

행복(Happiness)

경멸(Contempt)

### » AI 면접 준비사항 & 주의 사항

1. 인터넷은 유무선 상관없으나 WiFi의 경우 갑자기 끊어질 수 있기 때문에 주의하여야 한다.
2. 복장은 단정하게 표정과 태도에 주의한다.
3. 주위가 조용하고 본인이 편안한 장소를 선택한다.
4. 마이크와 카메라 등 시스템이 정상 작동되는지 주의한다.

5. 설문과 게임을 통해 파악된 성향으로 심층면접이 진행되니 솔직하고 일관적으로 답을 하는 것이 좋다.
6. 게임을 진행해야 하므로 마우스는 꼭 준비한다.
7. 메모장이나 한글 창을 띄워 보면서 답변할 수 있지만 자신의 답변을 숙지하고 철저히 준비할 수 있도록 한다.

### » 면접에 도움 되는 긍정적 키워드

| 나는 (○○○○○) 능력을 가진 지원자입니다. | |
|---|---|
| 문제 해결력 | 순간 대처능력 |
| 진취적 사고 | 글로벌 마인드 |
| 철저한 자기관리 | 긍정적 영향력 |
| 미래 지향적 | 서비스 마인드 |
| 정성 어린 서비스 | 의사소통능력 |
| 프로페셔널 | 연구하고 발전시키는 |
| 성실한 조직인 | 국제적인 감각 |
| 개선과 변화 | 변화와 미래지향 |
| 창의적인 도전 | 목표를 위한 인내 |

# Service Communication

제 10 장

# 스토리텔링 커뮤니케이션

Service
Communication

# 스토리텔링 커뮤니케이션

## 1 스토리텔링

스토리텔링이란? 스토리story & 텔링telling의 합성어로 '이야기하다'라는 의미이다. 말하고자 하는 내용을 설득력과 재미, 감정을 담아 상대방을 집중시킬 수 있다. 같은 주제, 비슷한 내용의 스토리일지라 하더라도 스토리텔러storyteller들의 스타일과 스피치 스킬에 따라 청중에게 감동과 유머를 줄 수 있는 반면 무미건조한 감정으로 또는 책을 읽듯 감정의 변화 없이 전달하면 상대방이 집중을 하지 못하게 된다. 이렇듯 어떻게 이야기를 전개하느냐에 따라 감동과 눈물을 때로는 웃음과 공감을 주기도 한다. 자신이 직접 경험한 이야기, 주변의 사례, 대중매체에서 접한 이야기들, 최근 SNS와 각종 커뮤니티에 올라오는 감동적인 사례들을 통해 공감을 시키도 하며 상대방의 감성을 자극하면서 효과적인 소통 기법이 되고 있다. 원래는 영화, 문학에서 활용되던 방법이지만 효과적인 커뮤니케이션의 한 방법으로 사용되기도 한다. 또한 면접에서도 자신에 대한 경험을 토대로 스토리텔링 답변을 함으로써 면접관에게 적합한 인재라는 부분을 답변할 수 있도록 한다. 스토리텔링 기법으로 각종 강연에서도 접할 수 있는데 수 많은 청중들을 집중시키는 아주 중요한 기법이다. 서비스 커뮤니케이션에서도 고객 응대 시 설득을 하고 자세하게 설명을 해야 하는 상황에 스토리텔링 기법으로 현명하고 만족을 이끌어 낼 수 있는 서비스를 하도록 한다. 상대방에게 어떠한 내용을 전달할 때 사실만을 설명하고 전달하는 방법보다는 감정을 담아 감성을 자극하고 지난 과거의 경험이 성공 또는 실패로 인한 결과의 신뢰성을 줄 수 있을 뿐만 아니라 근거 제시가 될 수 있다. 스토리텔링 기법은 구전을 통해서 내려오는 신화나 전설 등 이미 긍정적인 전달효과를 가진 전달방법이고 서비스 커뮤니케이션에도 생명력을 불어 넣는 긍정 소통을 위한 대화법이 될 수 있다.

## 2 스토리텔링 텐프렙의 법칙

〈횡설수설하지 않고 정확하게 설명하는 법〉의 저자 고구레 다이치는 몇 가지 공식만 염두해 두면 훨씬 쉬운 설명을 할 수 있고 상대가 알아들을 수 있도록 간단하게 설명하는 일이 어려운 것만은 아니라고 한다. 강연가인 고구레 다이치가 그 방법을 소개했는데 특별한 센스를 타고나야 설명을 잘하는 것이 아니고 성격이 밝다고 해서 잘하는 것도 아니다. 다만 '난 설명을 잘 못해'라는 생각부터 바꾸라고 한다. 공식을 익히면 누구나 알기 쉬운 설명을 할 수 있다고 주장한다.

모두 여섯 파트로 나누어 어떤 이야기든 알기 쉽게 설명하는 '주제, 수, 요점 및 결론, 이유, 구체적 예, 요점 및 결론 반복'이라는 간단한 설명 공식, '텐프렙(TNPREP)의 법칙'을 해부하고 잘 알아듣게 말하는 능력을 키울 수 있는 다양한 지침을 들려준다.

» **템프렙의 법칙**

1. **주제**(Theme) : 지금부터 어떤 이야기를 할 것인지에 대한 주제를 제시한다. 처음에 주제를 전달한 뒤 이야기의 전체적 그림을 알려주어 듣는 사람이 '들을 내용에 대한 준비'를 할 수 있도록 한다. 앞으로 어떠한 이야기를 할지 예상하게 만들어 주면 이야기의 전달력이 향상된다.
2. **수**(Number) : 하고 싶은 이야기가 얼마나 되는지 말한다. 상대방이 이야기를 정리하여 들을 수 있게 하고, 포인트를 파악하도록 할 수 있다.
3. **요점, 결론**(Point) : 자기소개서에 흔히 쓰이는 두괄식 표현처럼 먼저 결론부터 말한다. 복잡한 설명일수록 내용이 많아지고 산만해질 수 있으니 결론부터 말한다면 상대방이 내용을 명확하게 이해하는 데 도움이 된다.
4. **이유**(Reason) : 결론을 언급하고 난 뒤 그 이유로 객관적인 근거를 제시하거나 설득력 있도록 하여 나의 의견에 신뢰를 가질 수 있도록 한다.
5. **구체적 예**(Example) : 상대방이 더 잘 이해할 수 있도록 구체적 예시를 통해 대화 내용을 더 구체화 한다.
6. **결론**(Point) : 결론으로 내용을 정리하며 반복을 통해 상대방의 기억을 일깨운다.

출처 : 〈횡설수설하지 않고 정확하게 설명하는 법〉(고구레 다이치)

과제

## 나만의 스토리텔링 기승전결

Theme (주제)

Number (이야기 수)

Point (요점, 결론)

Reason (객관적 근거, 이유)

Example (구체적 예)

Point (결론-반복)

제 11 장

# 서비스 커뮤니케이션을 위한 페르소나와 서비스 마인드

Service
Communication

# 서비스 커뮤니케이션을 위한 페르소나와 서비스 마인드

## 페르소나(Persona)란?

그리스어로 가면이라 한다. 고대 그리스 가면극에서 배우들이 공연에 사용했던 가면이다. 이후 라틴어로 사람Person, 인격-성격Personality의 어원이 되고 심리학 용어가 되었다. 상대방에게 비춰지는 자신의 모습이라 생각하면 되는데, 자신의 진짜 모습이라기보다 겉으로 보여지는 인위적 자아라고도 할 수 있다.

### » 서비스 현장에서의 페르소나

서비스 현장에서는 자신의 실제 감정을 컨트롤을 해야 하는 경우가 많다. 서비스 제공자는 감정 분리를 해야 하는데 처음 만나서나 자주 만나는 고객 등 서비스 제공자의 감정에 대해서 고객들은 이해하지 않는다. 하지만 서비스 제공자는 고객의 감정을 읽을 줄 알아야 한다. 또한 서비스 커뮤니케이션에서 서비스 제공자는 사적인 일에 대한 감정과 공적인 일에 대한 감정은 분리되어야 한다. 다음 상황들의 현재 감정을 보고 나는 웃으며 일할 수 있는가 확인해보자.

- 나는 집을 나서기 전 어머니와 말다툼을 했다.(현재 감정)
- 오늘 나의 생일인데 아무도 축하를 해주지 않아 슬프다.(현재 감정)
- 늦잠을 자서 머리도 못 감아 모자를 쓰고 화장도 못해 출근하려니 내 모습이 마음에 안 들고 자신감이 없다.(현재 감정)
- 나는 남자친구와 싸우고 일주일째 연락을 안 하고 있다.(현재 감정)

**질문 1. 나는 이러한 상황에서 마인드 컨트롤 할 수 있는가?**

### » 나는 배려하는 인재인가?(나의 변화를 위한 서비스 마인드 진단)

1. 나는 화가 나면 말을 안 한다. YES NO
2. 나는 기분이 나쁘면 표정이 바뀐다. YES NO
3. 나는 이해할 수 없는 이상한 헤어스타일과 패션을 보면 표정이 바뀌거나 옆 친구에게 말을 한다. YES NO
4. 내가 남자 친구가 없을 때 다정한 커플을 보면 싫다. YES NO
5. 식당에서 모르는 아이가 버릇없이 소리지르고 뛰어다니는 것을 이해하기가 힘들다. YES NO
6. 친구와 식당에 가서 창가에 앉았는데 다른 손님이 자리를 바꿔 달라고 하면 안 바꿔준다. YES NO
7. 길에서 누군가가 길을 물었을 때 본인도 모르면 솔직히 모른다고 얘기하고 돌아선다. YES NO
8. 처음 만난 사람과 식사하는 것이 불편하다. YES NO
9. 어른들(교수님, 친구의 부모님 등등)과 함께 식사하는 것이 불편해 빨리 끝나기를 바란다. YES NO
10. 불편한 약속자리에는 거짓 핑계를 대서라도 안 나간다. YES NO

11. 나는 평소 무뚝뚝하다. 나는 애교가 없다. YES NO

12. 나는 외적인 부분에 콤플렉스가 많다고 생각한다. YES NO

13. 식당에서 음식이 늦게 나와도 별로 신경 쓰지 않는다. YES NO

14. 상대방의 목소리가 커지면 나도 같이 커진다. YES NO

15. 평소 와!~, 어머~, 진짜?, 정말?, 와우~~ 반응을 안 한다. YES NO

16. 내가 생각해도 나는 불친절하다. YES NO

### • 나의 변화를 위한 서비스 마인드 진단 결과

| | |
|---|---|
| 1~3개 | 배려하는 사람이군요. |
| 4~6개 | 배려하려고 노력하는군요. |
| 7~9개 | 배려도하지만 자신의 감정도 중요하군요. |
| 10~12개 | 자신의 감정을 더 중요하게 생각하는군요. |
| 13개 이상 | 나를 위한 변화를 정말 노력해 봅시다. |

## 2 마인드 컨트롤을 위한 페르소나

스위스의 정신과 의사 칼 구스타프 융Carl Gustav Jung은 상대방에게 파악되는 자아 또는 사회적 지위나 가치관에 의해 상대방에게 보여지는 성격을 고대 그리스의 연극배우들이 썼던 가면을 의미하는 '페르소나'라고 불렀다. 융은 페르소나를 다른 사람이 보는 나의 성격, 내가 남에게 보이고 싶은 외적인 인격이라고 했다. 사람들은 페르소나를 통해 자기를 둘러싼 환경에서 주변 인물들과 원활하게 상호관계를 맺을 수 있다. 또한 자신의 고유한 심리와 사회적으로 요구되는 타협점에 도달할 수 있기에 페르소나는 개개인이 사회적 요구에 적응할 수 있게 한다고 했다. 융은 페르소나는 진정한 자아와 다르며 남들에게 좋은 인상을 주려고 노력하거나 자신을 감추려고 하기 때문에 진정한 자아와 또 다른 자아가 갈등을 일으킨다고 보았다.

인간은 천 개의 페르소나(가면)를 지니고 있기 때문에 상황에 따라 적절한 페르소나를 써야 한다. 그래야 사회적으로 인간 관계를 이룰 수 있다. 페르소나를 통하여 개인이 사회적 요구에 적응할 수 있는 역할을 훌륭하게 수행할 수 있게 된다.

## 피에로의 눈물을 아십니까?

웃고 있지만 사실 울고 있는 광대,
울고 싶어도 웃어야만 한다.

옛날에 가난했지만 울지 않고 언제나 미소를 짓는 아름다운 아가씨가 살았다. 그녀는 동네의 부자들에게 청혼을 받았지만 모두 거절하고 정말 사랑하는 사람만을 바라보았다. 그녀가 사랑하는 사람은 바로 거리에서 사람들에게 즐거움을 주는 피에로. 그녀는 사랑하는 피에로 때문에 항상 웃을 수 있었고 피에로 또한 그녀를 무척 사랑하였다. 어느 날 피에로는 그녀에게 청혼을 하였다. "나는 가난하지만 당신을 너무 사랑합니다. 결혼해 주신다면 매일 당신을 웃음을 선물하고, 행복을 드리겠습니다. 나와의 결혼을 승낙해 주시겠습니까?" 그녀는 청혼을 받아들이고 피에로와 결혼했으며, 피에로는 그녀에게 약속한 대로 날마다 웃음을 선물했다. 그런데 어느 날 그녀가 바느질을 하다 손을 베었다. "앗!!!" 피에로는 굉장히 놀라서 그녀의 상처를 살펴보는 순간!!! 부인의 눈에서 무언가가 떨어지는 것을 발견하였다. 바로 그것은 다이아몬드였다. 눈물 대신에 다이아몬드가 나온다는 사실을 안 피에로는 그날 이후부터 그녀에게 폭력을 가했고, 그 다이아몬드를 이용해 인생을 즐기기에 바빴다. 그렇게 변한 피에로는 다시 그녀를 괴롭혀 다이아몬드를 빼앗아 다시 집을 나가고 그녀에게 불행을 선물해 주었다 피에로가 오랜 기간 집을 비우고 다시 돌아왔을 때 그녀의 얼굴에는 눈물이, 손에는 굉장히 아름다운 빨간색의 다이아몬드가 있었다. 피에로는 자신의 변한 모습과 그녀를 괴롭혔다는 사실에 괴로웠지만 후회하기에는 이미 늦어버렸다. 그 이후로 그는 거리에서 광대를 하며 분장할 때 눈물 한 방울을 그린 후 웃는 모습으로 공연을 했다고 한다.

여러분은 살면서 힘들지만 웃어야 했던 경험이 언제입니까?

# Service Communication

제 12 장

# 매너
# 커뮤니케이션

Service
Communication

제 12 장

# 매너 커뮤니케이션

## 쿠션언어란?

의자에 앉기 전에 쿠션을 등에 대면 더욱 편안함을 느끼게 된다. 서비스 현장에서 거절을 하거나 상대방의 요구에 해결책이 없을 때, 양해를 구할 때 등 고객의 입장을 생각하며 응대하는 화법으로 부정적인 감정을 줄일 수 있다.

특히 고객에게 양해를 구할 때 불가피한 상황에서 고객을 불편하게 할 때 쿠션 언어를 사용하면 고객은 오히려 서비스 제공자를 이해하고 기다려준다.

| 쿠션언어 | 지양언어 |
| --- | --- |
| 죄송하지만 | 몰라요 |
| 불편하시겠지만 | 없어요 |
| 가능하시다면 | 불가능해요 |
| 괜찮으시다면 | 안 돼요 |
| 실례하지만 | 왜요 |
| 바쁘시겠지만 | 그런데요 |
| 번거로우시겠지만 | 그래서요 |

### » 쿠션언어 + 이유 & 해결 노력 + 청유형

**1) 혹시 "ABC"라는 상품이 있나요?**

답변 ×) 그 물건 없어요.

– 죄송하지만 **(쿠션언어)**

– 현재 그 물건의 재고가 없는데 **(이유)**

– 제가 다시 한번 확인해보고 **(해결 노력)**

– 말씀 드려도 될까요? **(청유형)**

**2) 창가 좌석으로 주세요.**

답변 ×) 지금 만석이에요.

– 죄송하지만 **(쿠션언어)**

– 현재 만석인데 **(이유)**

– 남은 좌석 중에 가장 편한 좌석으로 **(해결 노력)**

– 배정해 드려도 될까요? **(청유형)**

**3) 손님의 이야기를 못 알아 들었을 경우**

답변 ×) 네? 뭐라구요?

– 죄송하지만 **(쿠션언어)**

– 다시 한번 말씀해 주시겠습니까? **(청유형)**

현재 만석이라 두 분이 함께 앉으시려면 복도 좌석밖에 없어요.

손님 괜찮으시다면 두 분이 함께 앉으실 수 있도록 복도 쪽 좌석을 배정해 드려도 될까요?

마스크 착용 안 하시면 입장이 안돼요.

손님 번거로우시겠지만 안전을 위해서 마스크를 착용해 주시겠습니까?

지금 담당자가 없어요.

죄송하지만 그 분야에 전문인 담당자가 잠시 자리를 비웠는데 메모를 남겨 드려도 될까요?

바빠서 지금 처리 안 돼요.

불편하시겠지만 최대한 빨리 처리될 수 있도록 하겠습니다.

## 과제

### 상황에 맞는 적절한 쿠션언어를 밑줄에 넣어 보시기 바랍니다.

______________________________

잠시만 더 기다려 주시겠습니까?

______________________________

생년월일이 어떻게 되십니까?

______________________________

이 건물에는 주차장이 없어서 옆에 건물 지하에 주차하셔야 합니다.

______________________________

이 서류에 다시 한번 서명을 부탁 드려도 될까요?

______________________________

이번 주까지 비용 납부를 부탁 드려도 될까요?

과제

## 쿠션언어+이유 & 해결 노력+청유형으로 바꿔봅시다.

매니저는 어디 계세요?(매니저는 부재중)

답변×)

쿠션언어

이유

해결 노력

청유형

언제까지 기다려야 되나요?

답변×)

쿠션언어

이유

해결 노력

청유형

엘리베이터가 고장이 났어요. 어떡해요?(비상계단 이용 안내)

답변×)

쿠션언어

이유

해결 노력

청유형

## 2 커뮤니케이션을 위한 올바른 호칭

### 1. 상급자

- 직급이 높은 사람에게는 성과 직위 뒤에 '님'을 붙여 호칭
- 성함을 모르는 경우 직위에 '님'을 붙여 호칭

### 2. 동급자

- 성과 직위 또는 직위명 호칭 /동급자 또는 초면인 경우 '님'을 붙여 호칭
- 동급자나 선임자인 경우 '님'을 붙여 호칭하거나 '선배'라는 호칭을 사용

### 3. 하급자

- 직위가 있는 경우에는 직명으로 호칭
- 초면이거나 직위가 없는 경우 '씨'를 붙여 호칭

### 4. 주의해야 할 호칭

- 고객에 대한 호칭 중 주의해야 하는 어머님, 아버님, 언니 등으로 특히 어머님, 아버님이란 호칭은 싱글족일 수 있으므로 외적인 모습으로만 판단해 호칭하면 안 된다. 또한 할아버지, 할머니라는 호칭보다는 고객님, 손님, 때로는 상황에 따라 선생님이란 호칭을 쓰도록 한다.

### 5. 호칭 트렌드

- C기업은 '과장님', '부장님' 대신 뒤에 '님'을 붙여 호칭
- S기업은 '차장', '부장' 대신 이름 뒤에 '매니저' or 'PL(프로젝트 리더)' 호칭
- J기획은 평사원부터 사장까지 "프로"
- K회사는 각자 영어이름 호칭

## 3 글로벌 인사커뮤니케이션

| 국가(언어) | 만났을 때 | 헤어질 때 |
| --- | --- | --- |
| 영어 | Hello, Hi<br>(헬로우, 하이) | Bye, see you tomorrow<br>(바이, 씨 유 투모로우) |
| 일본어 | おはようございます<br>(오하요우 고자이마스)<br>こんにちは<br>(곤니찌와)<br>こんばんは<br>(곰방와) | さようなら。また明日<br>(사요나라. 마타 아시타) |
| 중국어 | 您好<br>(닌 하오) | 再见，明天见!<br>(짜이찌엔, 밍티엔 찌엔) |
| 프랑스어 | Bonjour<br>(봉쥬흐)<br>Bonsoir<br>(봉수와) | Au revoir, à demain<br>(오흐브와흐, 아 드망) |
| 스페인어 | Hola<br>(올라) | Adiós, nos vemos mañan<br>(아디오스, 노스 베모스 마냐나) |
| 독일어 | Guten Tag<br>(구텐탁) | Tschüs, bis morgen<br>(취스, 비스 모르겐) |
| 이탈리아어 | Ciao(챠오)<br>부온 죠르노(Boun giorno)<br>보나 세라(Buona sera) | Ciao! Ci vediamo domani<br>(챠오! 치 베디아모 도마니) |
| 러시아어 | Здравствуйте<br>(즈드랏스부이쪠) | Пока, до завтра<br>(빠까, 더자프뜨라) |
| 베트남어 | Xin chào<br>(씬 짜오) | Tạm biệt, ngy mai gặp lại nh<br>(땀 비엣, 응아이 마이 갑 라이 녜) |
| 태국어 | สวัสดีครับ<br>(싸왓디- 크랍) | สวัสดี พรุ่งนี้เจอกัน<br>(싸왓디- 프룽니-쩌-깐) |

## 미국의 제스처 유래

**shaking hands(악수하기)**

우리는 고개를 숙여 인사를 하지만 서양 사람들은 악수로 인사를 한다. 이것은 과거에 서로 손에 무기를 지니고 있지 않다는 것을 드러내기 위해 시작된 데서 유래된 행동이라고 한다.

**thumbs up/down(엄지손가락을 위/아래로)**

원래는 과거 로마에서 황제가 검투사의 목숨을 살릴지 죽일지를 결정하는 표시로 사용했는데, 엄지손가락을 들어 올리면 살리고, 엄지손가락을 내리면 죽이라는 의미였다고 한다. 요즘은 엄지를 올리면 '좋다'라는 승인의 의미, 내리면 '좋지 않다'라는 거부의 의미로 쓰이고 있다.

**the high five(하이파이브)**

두 사람이 손바닥을 들어 올려 마주치는 하이파이브는 '멋지다!', '좋다!'라는 의미로 사용된다. 고대 로마에서 황제가 칭찬의 의미로 오른쪽 팔을 들어 올린 데서 유래했다고 한다.

**saying "Bless you" when sneezing(재채기를 하는 상대에게 축복을)**

상대방이 재채기를 하면 미국인들은 "God bless you"라고 말하곤 하는데, 이는 재채기를 하는 동안 순간적으로 나쁜 기운이 들어올 수 있다고 생각했던 옛 풍습에서 유래했다고 한다.

## 과제

## 나라별로 인사와 그 외에 상대방에게 보내는 비언어 커뮤니케이션을 찾아 보십시오.

**예1)** 프랑스·이탈리아·스페인 등 유럽 국가들에서는 '비쥬(Bisou)'라는 인사 방식이 있다. 양쪽 볼을 번갈아 맞대는 인사법인데, 뺨에 가볍게 입맞춤하거나 입으로 '쪽' 소리를 내는 것이다.

**예2)** 뉴질랜드의 마오리족은 이마와 코를 맞대며 악수를 한 뒤 '키아 오라(Kia Ora, 안녕하세요)'라고 말한다. 이 인사법은 '홍이(hongi)'라 하고, 삶의 숨결을 교환한다는 의미를 담고 있다.

# Service Communication

제 13 장

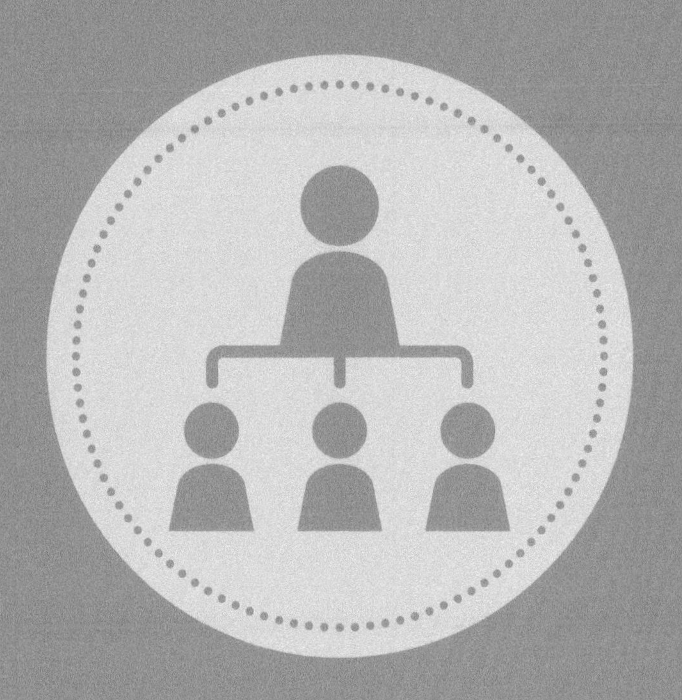

# WHY꼬리 커뮤니케이션

Service
Communication

제 13 장

# WHY꼬리 커뮤니케이션

## 1 친화력을 위한 꼬리질문

의사소통을 할 때 개개인의 성향에 따라 누군가는 끝없이 대화를 주고받을 수 있지만 누군가는 단답형으로만 대답하여 커뮤니케이션을 이어가는 사람이 있다. 친화력을 위한 꼬리 질문은 상대방과 대화를 이어가기 위해 성향이 좋은 사람들의 노력으로 서비스 현장에서는 고객을 대할 때 사교적이고 상황에 어울리는 꼬리질문으로 대화를 이어감으로 고객에게 호감과 친절함을 줄 수 있도록 해야 한다.

• **다음 대화법을 보고 나는 어떤 쪽에 가까운지 생각해봅시다.**

A : 식사하셨어요?
B : 네.
A : 뭐 드셨어요?
B : 스파게티요.
A : 스파게티 좋아하시나봐요?
B : 네.
A : 어떤 스파게티 좋아하세요?
B : 까르보나라요.
A : 저도 까르보나라 좋아해요.
B : …
A : 다음에 같이 먹어요~
B : 아, 네.
A : 수고하세요.
B : 네.

A : 식사하셨어요?
B : 네! 식사하셨어요?
A : 네~ 뭐 드셨어요?
B : 스파게티요, 까르보나라요.
까르보나라 좋아하세요?
A : 네네, 전 다 잘 먹어요.
스파게티 좋아하시나봐요?
B : 네~ 다음에 같이 먹어요.
A : 근처에 맛집 아세요?
B : 네네, 맛집 찾아 놓을까요?
A : 정말요? 너무 좋아요~
B : 거기 진짜 맛집인거 아세요?
A : 진짜요? 너무 기대돼요.
B : 네, 그럼 다음에 꼭 가요.
A : 네, 수고하세요.
B : 수고하세요.

## 2 면접에서의 압박 꼬리질문

면접에서의 꼬리질문은 지원자의 인성 파악이나 자신의 감정을 잘 컨트롤 할 수 있는지, 어떠한 상황에서도 유연하게 대처할 수 있는지, 진정성 있고 솔직한 답변을 하고 있는지 등을 알아보기 위해 꼬리에 꼬리를 물고 질문이 주어지는 것이다. 따라서 꼬리 질문에 대한 대처능력을 길러야 한다. 면접관 입장에서 면접자의 답변에 진심이 느껴지지 않을 때 진실인지 확인할 때가 있다. 면접을 준비하는 지원자들은 솔직하게 답해야 하는 질문에 오로지 면접관에게 잘 보일 만한 답변을 하면서부터 꼬리 질문을 받을 수 있다. 또한 실무에서는 생각지 못한 수많은 상황들이 생기는데 그러한 상황에 마주하게 된다면 대처를 잘할 수 있는지 판단하기 위함이다. 이러한 대처능력은 경험에서 나오기도 하지만 순간 재치와 순발력 있는 답변을 하는 지원자에게는 호감이 갈 수밖에 없다. 예를 들어 면접자가 "~~이라고 생각합니다"라고 대답하면 면접관은 "지금 ~~라고 생각한다고 했는데 구체적으로 말해보시겠어요?"라고 질문하고, 구체적으로 답변하면 "지금 구체적으로 답변한 것들이 자신의 업무와 연관 지어 어떻다고 생각합니까?"라고 다시 질문하는 식으로 면접이 진행된다. 꼬리질문은 지원자를 일부러 당황하게 해 대처능력을 확인하려는 의도가 있다. 따라서 면접자는 일관성과 진정성이 있는 답변을 침착하게 하는 것이 중요하다. 심층면접에서 꼬리질문이나 압박 질문을 하는 것은 면접자를 괴롭힐 의도가 아니라 역량을 검토하는 것이니 대화를 나눌 때 황당하거나 말도 안 되는 질문, 부정을 유도하거나, 반박하게 만드는 질문들이 꼬리에 꼬리를 무는 질문이라 하더라도 급하게 답변하려 하지 말아야 한다. 답변을 해야 하는 입장에서 표정이 바뀌거나 얼굴색이 변하거나 눈빛이 달라지기도 하는데 이런 비언어적 요소들은 내가 의도하지 않지만 좋지 않은 감정으로 상대방에게 인식 될 수 있으니 조심하도록 한다.

## 과제

### 국적이 다른 외국인 친구 3명에게 소개하고 싶은 관광지 2곳은 어디입니까?

왜 이곳을 추천하고 싶습니까?

그 이유가 본인의 경험이나 추억과 관련이 있습니까?
(있다면 어떤 경험이나 추억? 없다면 아무 관련 없는데 왜 추천?)

본인이 추천한 장소가 외국인 친구들이 만족할 수 있다고 생각합니까?

만족한다면 3명의 국적 중 한 나라만 선택하여 이유를 설명하세요.

제 14 장

# 설득 커뮤니케이션

Service
Communication

# 설득 커뮤니케이션

## 1 설득화법

상대방의 수준에 맞는 화법이 중요하다.

- 반복적인 강조는 설득의 중요한 방법이다.
- 때로는 직접적인 표현이 필요할 때도 있다.
  예를 들어 "저를 정말 믿으셔도 됩니다"
- 단순화시켜 상대방에게 각인시킨다.
  어떤 발표자는 핵심적인 내용보다 서론이 길 때가 있는데 주의해야 한다.
- 감정적인 공감대를 형성해서 먼저 상대의 감정을 이해하는 것이 중요하다.
- 성공사례나 구체적으로 예를
  들어 신뢰감을 주도록 한다.

- **여러분이 이 대학의 학생이라면 어떤 말에 더 공감이 가는지, 그리고 왜 공감이 가나요?**

뉴욕대학 심리학자들이 흥미로운 실험을 했다. 등록금 인상에 대해 학생들을 설득해야 하는데 그 상황에서 두 가지의 화법으로 말했다고 한다.

**1번** - "우리 학교의 등록금을 인상해야만 합니다. 그래야 훨씬 좋은 환경에서 공부할 수 있습니다."

**2번** - "여러분이 동의하기 힘들다라는 사실을 잘 알고는 있지만, 등록금을 약간만 인상하게 된다면 훨씬 더 좋은 환경에서 공부할 수 있을 것입니다."

## 2 컴플레인 해결

### » 컴플레인 & 클레임

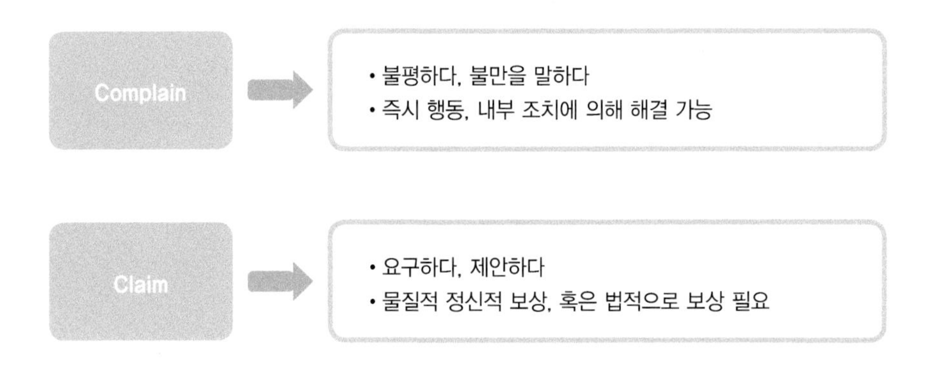

서비스 현장에서의 다양한 컴플레인 고객을 응대하기 위하여 그리고 고객의 재방문을 유도하기 위해 해결책을 제시하고 고객의 유형을 정확히 파악하여 커뮤니케이션을 하는 스킬이 중요하다. 고객의 컴플레인으로 서비스의 수준을 높여 불만 고객을 충성고객으로 유도할 수 있는 계기가 될 수도 있다.

### » 컴플레인 해결방법

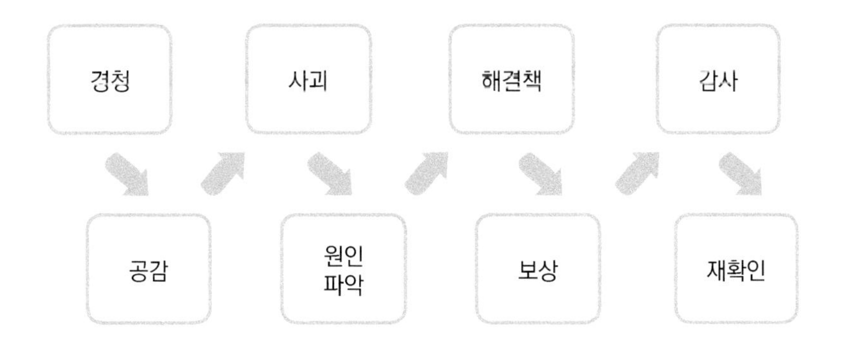


### » 고객 설득의 커뮤니케이션 스킬 UP

**고객의 입장에서 끝까지 내용을 경청한다.**

컴플레인 내용을 끝까지 들어주는 것이 중요하다. 중간에 이야기를 끊는다든가 성급히 해결하려고 하면 고객의 감정을 더욱 상하게 할 수 있다.

**진심 어린 공감을 표현한다.**

고객의 상황을 생각하며 놀람이나 불편함에 대한 공감을 해 준다.

**우선 사과의 원칙으로 죄송하다고 진정성 있는 사과를 한다.**

만약 고객의 잘못이 있더라도 고객의 감정을 이해하고 진심으로 사과하는 것이 중요하다.

**원인이 무엇인지 파악한다.**

진심으로 사과한 후에는 재발 방지를 위해 문제 발생원인이 무엇인지 파악해야만 한다.

**신속하고 적극적인 자세로 대응한다.**

가능하다면 신속하게 교환이나 환불 또는 기타 다른 방법이 있다면 해결책을 제시한다.

**적정한 보상이나 가능하다면 기대 이상의 보상을 한다.**

고객이 기대하는 이상의 보상이 가능하다면 오히려 더 고마워할 것이다.

**컴플레인을 한 고객에게 감사의 말을 전한다.**

컴플레인을 하는 것은 아직 관심이 있는 고객인 것이다. 다시 오지 않을 고객은 컴플레인을 하지 않는다. 오히려 고객에게 감사하라.

**이후 불편함은 없었는지 확인한다.**

여행사 사례 – **취업 실패도 여행사 책임?**

20대 초반 손님이 여행사를 통해 동남아 여행을 다녀왔다. 고객이 대학 졸업반이고 취업 준비생이었다. 그런데 돌아오는 날이 마침 면접날이었다고 한다. 그 손님 생각은 새벽에 떨어지는 스케줄이니까 한국 와서 준비하고 면접 보러가면 될 것이라 생각했는데 항공사가 현지 사정으로 운항이 늦어지게 되었다. 결국 예정보다 늦게 귀국해서 면접에 못 갔다고 한다. 그 이후에 각종 포털, 온라인 카페, 블로그, 심지어 방송국 홈페이지까지 여행사를 욕하는 글을 게재했다고 한다.

**호텔 사례 – 직원교육 엉망, 서비스 불만족**

어느 호텔에서 손님이 디럭스와 트윈 이렇게 두 개의 방을 예약했는데, 체크인할 때 직원이 "디럭스 2개 맞으시죠?"라고 질문을 했다. 디럭스와 트윈룸을 예약했다고 하니 자기들은 디럭스 2개로 예약되어 있으니 예약실에 전화해서 확인해 보라고 했다고 한다. 손님은 황당하기도 하고 어이가 없었다고 한다. 손님은 확실히 방의 금액이 다르다는 안내를 받은 게 생각이 났고 예약 또한 실수한 게 없다고 생각했다.그런데 손님이 황당했던 것은 직원의 태도였던 것이다. "저한테 확인해 보라구요?"라고 질문하니 "네 예약실에 전화해서 확인해보세요"라고 했다고 한다. 예약실 직원이 변경은 해주었지만 전혀 사과를 하지 않는 직원의 말투와 태도에 컴플레인을 할 수밖에 없었다.

## 컴플레인 사례

인도 출생이지만 미국시민권자로 살고 있는 사례 주인공은 고향인 인도 코지에 가려고 K항공을 이용했다. 당시 하와이 호놀룰루에서 인천을 경유해 인도 뭄바이 공항에서 고향 코지로 가는 일정으로 K항공에서 항공권을 구입했다. 그가 호놀룰루를 출발해 무려 22시간의 비행 여정 후 인도 뭄바이 공항에 도착했는데, 이민국이 입국을 불허하면서 강제 출국을 명령했다. 황당해진 주인공은 "나는 정식 미국여권도 있고, 입국에 아무런 문제가 없다'라고 주장했으나 입국은 불허됐다. 다시 K항공편으로 한국으로 일단 출국해야 하는 형편이었다. 이어 K항공 직원이 그에게 와서 다짜고짜로 "당신은 인도법을 위반했다"면서 "인도 입국 비자가 없다"고 말했다. 사례자는 "내가 입국 비자가 없다면 왜 나를 탑승시켰는가"라면서 "나는 입국에 하자가 없다"라고 주장했다. 그러나 K항공 직원은 "수중에 지닌 돈을 내 놓으라"라고 했다고 한다. 지갑에 있는 2,000달러를 꺼내자, 그는 영수증도 써주지 않고 "이 돈은 호놀룰루까지 가는 편도 항공료" 라고 말했다. 사례자는 당뇨 환자였기 때문에우선 당뇨 약을 먹어야 했다. 인도까지 오느라 22시간 동안 피곤에 시달렸기 때문이다. 그는 직원에게 "내 짐에서 당뇨 약을 꺼내 먹어야 하고, 배도 고프고 물도 마시고 싶다"고 호소했으나, 그 직원은 이를 무시했다. 인도 입국이 거절된 것은 사전에 표를 체킹 하면서 모든 것을 검색해야 하는 K항공의 책임인 것이라고 주장했으나 그 직원은 무시했다. 할 수 없이 사례자는 "그러면 인도 주재 미국 영사관을 접촉하게 해달라"고 했으나 그 직원은 "지금 밤중이라 영사관에 당직도 잠을 자고 있어 연결이 안 된다"고 했고 더 한심한 일은 직원은 "지금 한국으로 가는 비행기에 탑승해야 한다"면서, 피곤에 겹친 사례자를 탑승하게 했다. 22시간이나 비행기를 타고 온 뭄바이 공항에서 영사도 만나게 하지 않고, 거의 강제로 수중의 돈 2,000달러를 받아 항공료라고 하면서 아무런 증서도 주지 않고, 약도 복용치 못하게 하고, 음료수나 음식도 제공해 주지 않고 다시 인천 공항으로 가는 비행기에 태웠다며 비인도적 처사에 화가 났다고 한다.

# 롤플레이

## » 상황별 롤플레이

**상황 1) 호텔 리셉션**

손님이 체크인을 하시는데 자신은 이 호텔 VIP라고 하며 자신이 예약한 방을 업그레이드 해 달라고 한다. 성수기라 모든 방은 예약완료이고 직원이 곤란해 하자 매니저를 불러달라고 하는 상황에 매니저는 출장 중이다.

**상황 2) 공항 보안검색대**

공항 보안검색대에서 가방 안에 과도를 가지고 탑승하시려는 할머니.
기내 반입금지라고 안내했는데 꼭 가져가야 된다고 막무가내인 손님

**상황 3) 공항 체크인 카운터**

공항 체크인 카운터에서 승객의 수화물의 무게가 오버되어 규정상 수수료를 지불해야 하는데 승객은 자꾸 그냥 짐을 부쳐달라고 한다.
비행기 티켓도 비싼데 또 돈을 내라고 하냐며 막무가내인 손님과 직원

**상황 4) 기내 안**

타 항공사는 OOO서비스를 제공하는데 왜 이 항공사는 안 해주냐고 항의

**상황 5) 기내 안**

일반석 승객이 몸이 불편해 비즈니스석으로 업그레이드 해달라고 요청

StoryTelling

## 브라질 항공사 탐 에어라인(TAM Airline)에서 있었던 컴플레인

50대 백인 여성이 자신의 자리에 도착 후 자신의 옆자리에 흑인 남자가 앉아있는 것을 보았다.
굉장히 화가 난 채로 스튜어디스를 불렀고, 스튜어디스는 "무엇이 문제인가요?"하고 물었다.
그 여자는 "보면 몰라요? 내 자리가 흑인 남자 옆자리인 거 안 보여요? 난 저 남자 옆에 앉을 수 없으니 다른 자리로 옮겨 주세요."라고 요구하였다.
스튜어디스는 "진정하세요. 하지만 지금은 자리가 만석이라 바꾸실 수 있는 자리가 없을 거예요. 하지만 그래도 다시 한번 확인해 보겠습니다."라고 하였다.
몇 분 후 스튜어디스가 돌아와서 "손님, 확인해 보았지만 이코노미가 만석이라 빈 자리가 없습니다. 지금은 일등석 자리밖에 빈 자리가 없습니다."라고 했다.
스튜어디스는 설득하는 듯 이렇게 말했다.
"저희 항공사는 보통 승객을 이코노미석에서 일등석으로 자리를 옮겨드리는 걸 잘 안 합니다. 하지만 지금 같은 상황의 경우에는 저희 항공사를 이용하시는 손님이 불쾌한 사람 옆에 앉도록 하게 할 수는 없습니다."라고 했다.
말이 끝나자 그 스튜어디스는 흑인남자한테 말했다. "손님, 짐을 챙기셔서 일등석으로 오십시오."라고 했다.
그 여자의 인종차별에 대한 컴플레인을 쳐다보고 있던 다른 승객들은 박수를 치기 시작하고 어떤 승객들은 기립박수를 치기도 하였다고 한다.

## 과제

**다음 상황의 대화 내용 중 빈칸에 대화를 진솔하게 채워보십시오.**

(경상도, 전라도 사투리 버전이나 표준어로 작성해도 됨.
사투리를 모르는 경우 사투리 구사가 가능한 친구에게 질문을 던지고 답을 작성해도 됨)

○ 옷을 사려는 손님과 점원

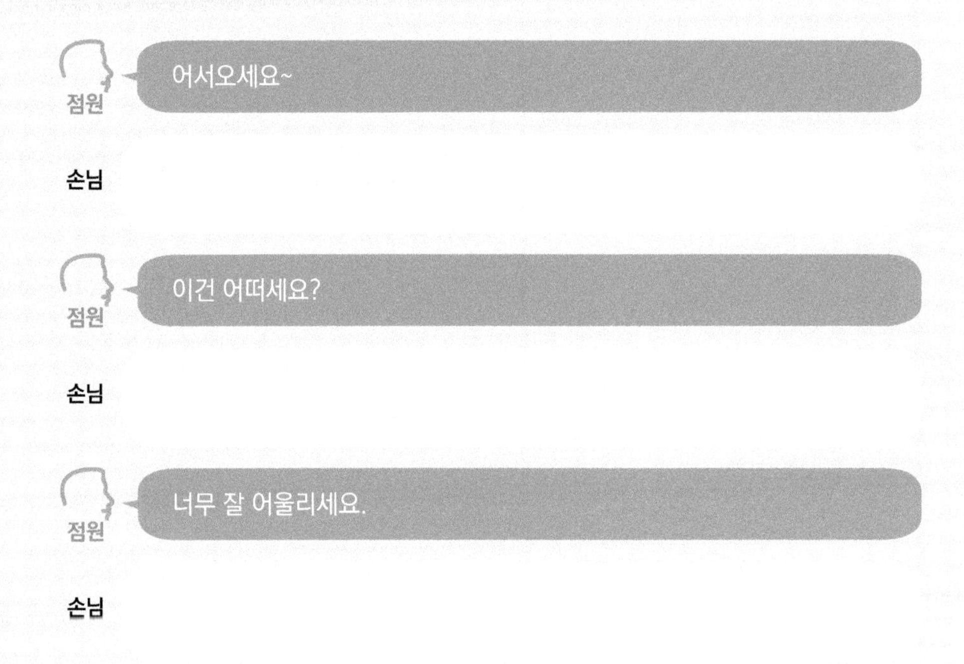


**손님의 기분은 어떨까요?**

## 과제

○ 미용실에서 연예인 ○○○과 똑같은 스타일을 원한다. 하지만 불가능하다. 어떻게 대처하겠는가?(손님과 미용실 원장)

**원장의 기분은 어떨까요?**

제 15 장

# 감성 커뮤니케이션

Service
Communication

제 15 장

# 감성 커뮤니케이션

## 감성화법

감성화법은 상대방의 입장을 생각하며 그 사람을 진심으로 이해하고 좋은 관계를 유지할 수 있게 하는 커뮤니케이션이다. 서비스 제공자들이 업무에 임할 때 고객 존중을 바탕으로 서비스 만족을 높일 수 있다.

StoryTelling

뉴욕 거리에서 한 맹인이 구걸을 하고 있었다.
팻말에 "I am blind"라고 써서 구걸할 때는 사람들의 도움이 없었는데 "spring is coming but I can't see it"이라고 문구를 바꾸자 지나던 많은 사람들이 관심을 가지고 적선을 하기 시작했다.
이 이야기는 실화로 1920년대 앙드레 불톤이라는 프랑스 시인이 실제로 뉴욕의 거지를 도와주었다고 한다. "나는 맹인입니다. 도와주세요"라는 직접적인 표현보다는 "봄이 오고 있습니다. 하지만 나는 그것을 볼 수 없습니다."라고 감성을 담아 전달하면서 사람들의 마음을 움직인 것이다.

### » 감성 커뮤니케이션의 중요성

고객의 감성을 자극하는 서비스는 재방문의 가능성과 구전 홍보의 효과가 있다. 서비스에서 가장 중요한 것은 고객에게 주는 경험인데 고객의 70% 이상이 제품을 선택하는 데 있어서 고객 리뷰를 가장 참고하고 내가 아닌 다른 사람의 경험을 토대로 결정하기도 한다. 따라서 고객 경험에서 단 한 번의 실수로 그 회사 이미지를 회복하는 데는 오랜 시간이 걸릴 수 있다. 특히 디지털 시대에 SNS가 발달한 요즘, 고객의 좋은 경험은 기업의 이미지에 크게 좌우된다.

### » 감성 커뮤니케이션의 5계명

① 상대방의 입장에서 말하라.

② 진심을 담아서 말하라.

③ 상대방의 감정을 잘 파악하고 감성을 자극하라.

④ 상대방의 감정을 읽고 같은 감정으로 반응하라.

⑤ 표정, 제스처를 적절히 사용하라.

다음의 스토리텔링은 고객의 경험이 얼마나 중요한지 일깨워 주는 어느 항공사 감성 서비스에 대한 이야기이다.

베트남 다낭에서 일을 하며 지내던 여동생이 중증 뎅기열로 인해 위독하다는 소식을 듣고 급히 날아갔지만 베트남에 도착한 지 24시간 만에 동생이 세상을 떠나게 되었다. 영사관과 현지 교회의 도움으로 간략하게나마 장례식을 하고 화장도 바로 할 수 있었다. 귀국 비행기를 알아보던 중 돌아갈 땐 한국 비행기를 이용하라는 조언을 듣고 이스타 항공에 예매를 했고 동생의 유골은 공항에서 받기로 하고 티켓팅을 하였다. "유골함과 함께 탈 예정입니다"라고 했더니 한 여성분이 오시더니 연락을 미리 받았다면서 조금이라도 편안하게 갈수 있게 두 자리를 준비하겠다고 말했다. 비행 내내 동생의 유골함을 계속 품에 안고 있어야 하는 상황이라 생각했는데 너무나 감사했다. 티켓팅을 마치고 30분 후 한 줌의 재가 된 동생을 품에 안을 수 있었고 대성통곡이라도 하고 싶은 심정이었으나 동생을 한국까지 그리고 부모님의 품에 안겨드릴 때까지 정신을 놓으면 안될 것 같다고 생각했다. 탑승 시간이 되었을 때 한 직원이 다가와 "동생분과 함께 가시죠? 먼저 체크인 하시고 탑승해 계시는 게 더 편하시지 않으시겠어요?"라고 제안해 주셨다. 너무나 감사한 마음으로 먼저 체크인을 했다. 양손으로 동생을 안고 있어서 여권과 티켓을 보여주기도 힘든 상황에서 외투에 있다고 하자 조심스럽게 꺼내어 확인하시고 다시 넣어주었다. 체크인을 마치고 비행기 쪽으로 이동하려는데 티켓팅 때 도움을 주었던 직원이 에스코트 해주겠다 하며 함께 이동하였다. 그분의 마지막 말씀이 이 글을 쓰게 된 결정적인 원인이 되었다. "모든 크루들에게 이야기는 해두었습니다. 불편하신 사항은 언제든지 말씀해 주시구요. 동생분의 마지막 비행을 저희 이스타 항공이 함께 할 수 있어서 매우 영광입니다" 너무나 감사했다. 왈칵 눈물이 쏟아졌다. 보안검색대를 통과할 때 그 모든 설움이 녹는 듯한 기분이었다.

## 2 긍정화법

긍정화법은 부정적인 상황에서 긍정적인 단어를 사용하여 상대방의 감정을 상하지 않도록 하는 대화법이다. 긍정화법을 사용하게 되면 "불가능하다", "안 된다."라는 표현을 "가능하다", "될 수 있도록 해보겠다" 등으로 상대방에게 신뢰감을 줄 수 있고 거절이나 단호함을 유연하게 대처할 수 있다.

제가 도와 드릴 수 없습니다. ⊗

최대한 가능한 방법을 알아 보겠습니다. ◎

그렇게 말씀하시면 안 되죠. ⊗

최대한 방법을 찾아 손님의 불편하신 점을 해결하도록 하겠습니다. ◎

입금 안 하셨네요. ⊗

어느 은행으로 입금했는지 다시 한번 확인 부탁 드립니다. ◎

## » 부정을 긍정으로

지금 당장 해결하기는 힘듭니다. ⓧ

빠른 시일 내에 해결할 수 있도록 하겠습니다. ⓞ

그 물건 없어요. ⓧ

그 물건이 있는지 확인 한번 해 보겠습니다. ⓞ

부장님 지금 자리에 안 계세요. ⓧ

부장님께서 언제쯤 돌아오시는지 확인해 보겠습니다. ⓞ

지금 사용 못해요. ⓧ

언제쯤 사용 가능한지 알아보도록 하겠습니다. ⓞ

## » 부정을 긍정으로

좌석 못 바꿔드려요.

저는 잘 몰라요.

이 방법밖에는 없어요.

지금 사용 못해요.

## » 긍정화법

역경을 부정하고 피하고 숨기는 데 공을 들이기보다
그 안에 감춰진 기회를 찾는 데 공을 들여라.

누군가 '역경'이라고 부르는 것을
누군가는 '기회'라고 부릅니다.

- 에이미 멀린스 -

에이미 멀린스 킹스맨 – 가젤

(사진 : 영화 '킹스맨-가젤'의 실제 주인공 에이미 멀린스)

## » 나를 위한 긍정화법

아침에 눈을 뜨면 자신이 가장 먼저 하는 말이 무엇인지 생각해보자. 잠에서 깨어 자신의 뇌에 내리는 명령이 "힘들어", "피곤해"인가? "오늘 하루도 파이팅", " 좋은 아침~~" 등등 어떤 문장으로 시작하느냐에 따라 나의 삶이 달라진다. "싫어", "못해", "짜증나", "귀찮아"보다 "그래 좋았어!", "너무 좋아", "맞아", "할 수 있어!"라는 말을 반복해야 한다. 처음 만난 사람과 3분만 얘기해봐도 긍정적인 사람인지 아닌지 파악된다. 고객을 대할 때도 평소 긍정적인 화법을 하는 사람들은 컴플레인 상황에서도 현명한 서비스인이 될 것이다.

다음의 흥미로운 실험을 보면 다른 사람을 평가할 때도, 나 자신을 위해서도 긍정화법이 꼭 필요하다는 것을 알 수 있다. 사람의 뇌는 긍정의 표현을 먼저 인식한다.

긍정적인 말과 부정적인 말의 순서를 다르게 하여 사람들의 인식이 어떻게 변할까라는 실험을 하였다. 사람들에게 성격에 관한 표현 단어를 듣고 그에 적합한 인물을 정했는데 긍정적인 말을 먼저 들었을 때는 미소 짓는 사람을, 부정적인 표현을 먼저 들었을 때는 화가 난 듯한 사람을 선택하였다.

출처 : EBS

### » 나를 위한 긍정화법(선 긍정-후 부정)

대화를 할 때 사람들은 앞에 오는 말을 더 중요하게 인식한다는 사실을 알 수 있다. 부정적인 말이 앞에 오는 경우 그 비중이 더 커지기 때문에 상대방은 부정적인 상황으로 인식하게 된다. 따라서 상대방을 설득하기가 더욱 어려워진다.

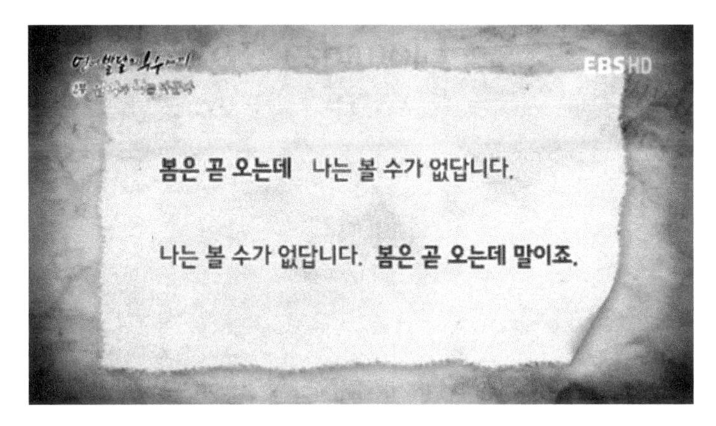


출처 : EBS 언어 발달의 수수께끼

보고 싶은데. 바빠서 만날 수가 없네(긍정 먼저)

바빠서 만날 수 없어. 보고 싶은데(**부정 먼저**)

나는 당신을 좋아해요. 당신이 화낼 때는 무섭지만요.(긍정 먼저)

나는 당신이 화낼 때 무서워요. 당신을 좋아하지만요.(**부정 먼저**)

### » 고객에게 해서는 안 되는 커뮤니케이션

- 고객님이 고의로 실수하신 거 아닙니까?
- 다음부터 환불은 오후에 오세요. 오픈 하자마자 환불하시는 거 아니에요.
- 그건 전적으로 고객님 실수예요.
- 고객님이 먼저 그러시지 않으셨습니까?
- 다른 분들은 아무 말씀 안 하셨습니다.
- 규정상 그런 건 안 됩니다.
- 알 만한 분이 그러시면 안 되죠.
- 에이~ 농담한 건데 뭘 그러세요.

## 3 칭찬화법

칭찬은 누구에게나 발전할 수 있는 에너지가 된다. '칭찬은 고래도 춤추게 한다'는 말이 있듯이 더 효율적이고 능률적으로 발전하게 한다. 달리는 말에게 채찍을 가하면 멈추고 당근을 주면 더욱 달리게 된다. '너무 잘 하시네요. 정말 멋져요'라는 말은 상대방을 행복하게 해준다. 또한 권위적인 말보다 더욱 권위가 있다. 잘했다고 칭찬하게 되면 진짜 잘하게 되는 것처럼 불가능도 가능으로 이끄는 것이 칭찬이다. 고객에게 진심이 담긴 칭찬화법으로 서비스하면 고객이 느끼는 서비스의 수준은 한층 더 높아질 것이다.

**구체적으로 자세히 칭찬한다.**

오늘 너무 예쁘세요.

오늘 입은 빨강 원피스가 너무 잘 어울리세요. 특히 헤어스타일이 어려 보여요.

**부러움과 상대가 더 월등하다는 표현을 한다.**

나도 너처럼 빨강색 원피스가 나한테 어울렸으면 좋겠어.

대리님~ 대리님은 진짜 부지런하시고 정말 꼼꼼하세요.
그러니까 부장님께도 인정받으시죠. 저도 꼼꼼했으면 좋겠어요.

나는 너의 좋은 피부가 너무 부러워. 좋겠다.

**작은 표현의 부정을 시작으로 긍정의 극대화로 칭찬한다.**

너를 처음 봤을 때 조금 차가운 인상이었는데
시간이 지나고 나니 너처럼 성격 좋은 애가 없더라.

지연씨! 처음 봤을 때 그렇게 안 보였는데 진짜 기획력은 최고에요.

**제 3자를 통하여 칭찬의 표현을 한다.**

형선씨 부장님이 그러시던데 일 맡기면 정말 제대로 하는 직원이래요.

얼마 전에 민아를 만났는데 너 진짜 예뻐졌다고 난리야.

대리님! 여직원들이 그러는데 대리님 진짜 매너 좋으시다고 다들 그래요.

**공개적으로 칭찬을 한다.**

자자~ 여러분 잠시만 집중이요. 우리 부장님 진짜 오늘 스타일 멋있죠?

**진심을 담아 칭찬한다.**

**칭찬은 미루지 말고 즉시 하자.**

**칭찬을 아부라고 생각하지 말고 아끼지 않고 칭찬한다.**

* 연구 결과에 따르면(Drachman. Decarufel&Insko, 1978) 아부를 위해 의도적인 칭찬이라도 칭찬받은 사람은 들은 사람에게 호의적이 된다.

## » 어순에 따라 진심이 극대화 되는 긍정화법

손님~ 정말 옷이 잘 어울리세요.

손님~ 너무 잘 어울리세요. 진심이에요.

## » 네~ 하지만(YES, BUT) 고객 응대 화법

대화 중 나와 다른 의견을 제시하거나 상대방이나 고객과의 대화에 있어 입장 차이로 오해가 생기거나 실수를 인정할 때나 매뉴얼을 설명해야 할 때, 상대방의 기분이 상하지 않게 거절할 때 등, 고객의 감정이 상하지 않도록 주의해야 하는데 일단 고객의 의견에 공감을 한(YES) 뒤에 설명을 하는(BUT) 화법이다.

**예문 1)** 네. 저희 직원의 실수가 있었네요. 죄송합니다.
하지만 너그럽게 양해 부탁드립니다.

**예문 2)** 네~ 고객님 말이 맞습니다. 저렴한 제품은 아닙니다.
하지만 기능이 많고 효과가 좋습니다.

면접을 볼 때에도 YES, BUT 화법과 공손한 말투로 면접관에게 답변한다면 좋은 인상을 줄 수 있다.

**면접관** 지원한 업무의 특성상 체력을 요하는 일이 많은데 보기에 체력이 약해 보이네요.

**면접자** 네, 그렇게 보실 수도 있습니다. 하지만 저는 체력관리를 위해 저만의 체력관리 비법이 있습니다. 주말마다 풋살 동호회에서 활동하면서 총무란 직책도 맡고 있어 주말은 운동으로 시간을 보내며 체력을 관리하고 있습니다.

## 4 아론슨 화법

상대방에게 긍정적인 부분과 부정적인 부분을 동시에 전달할 때 보통 긍정적인 부분을 먼저 말한 뒤 부정적인 부분을 나중에 말하는 경우가 대부분인데 반대로 심리학자 아론슨은 먼저 부정적인 내용을 전달한 후 나중에 긍정적인 내용을 전달하기를 권했다. 미국의 심리학자인 아론슨은 화법을 연구했는데 상대방과 대화를 나눌 때 부정적인 내용과 긍정적인 내용을 함께 말해야 하는 경우에 부정적 내용을 먼저 말한 뒤 끝낼 때는 긍정적 내용으로 하라는 것이다.

이 제품은 확실히 효과는 있는데 너무 비싸.

이 제품이 너무 비싸긴 하지만 확실히 효과는 있어.

오늘 날씨가 기온은 적절한데 날씨가 너무 흐리다.

오늘 날씨가 너무 흐리지만 기온은 적절하다.

처음 만났을 때보다**(부정)**
요즘 스타일이 훨씬 더 멋있어졌어요.**(긍정)**

아론슨 화법은 고객만족화법으로 유용하게 사용되고 있다.

## » 아론슨 화법의 효과

- 상품을 설명하는 세일즈 현장에서 주로 쓰인다. 하지만 서비스 현장 외에서도 응용되어 쓰이고 있다.
- 상품을 더 돋보이게 하고 선택을 유도하기 위해서 설명하는 방식으로 많이 쓰인다.
- 고객이 의사결정을 못 할 때 도움을 줄 수도 있고 업무 보고를 할 때 부정적인 내용 보고 후 긍정적인 부분을 강하게 어필할 수 있다.

## 5 레이어드 화법

레이어드layered 층이 있는, 층을 이룬 화법은 층층이 여러 겹을 겹쳐 대화를 나누면서 상대방에게 존중감을 줄 수 있다. 명령조와 같은 말투를 의뢰형이나 질문형으로 바꿔 표현하는 방식으로 고객을 대할 때 중요한 화법이다.

말씀하세요. ➡ 말씀해 주시겠습니까?

기다리세요. ➡ 기다려 주시겠습니까?

## 6 부메랑 화법

고객이 변명과 부정적 핑계를 말할 때 오히려 그것이 바로 장점(특징)이라고 하며 나의 의견에 수긍할 수 있도록 하는 것이다. 예를 들어 '가격이 너무 비싸 구입이 어렵다.'고 한다면 '가격이 좀 비싼 것이 이 제품의 특징이다. 효과는 최고다.'라고 거절 요인을 구매 요인으로 전환시키는 것이 이 화법의 특징이다. '조건이 까다로운 것이 바로 우리 회사의 장점이다. 그만큼 신뢰가 있다'

고객만족을 위한 고객설득화법으로 많이 사용되고 있다.

## 왜 KFC 앞에 할아버지를 세웠을까?

KFC의 창립자 커넬 샌더스는 홀어머니 밑에서 집안일을 챙기던 소년이었다. 의붓아버지의 폭행과 가난을 견디지 못해서 12살에 가출을 하게 된다. 여러 가지 직업을 전전하면서 고생한 끝에 중년이 되어 식당을 열었고 자신이 요리한 치킨이 유명세를 탔다. 하지만 악재로 65세에 파산하게 된다. 수중에 남은 돈은 겨우 105달러였으나 좌절하지 않고 자신의 닭요리만큼은 자부심을 가지고 최고라 생각하고 프라이드치킨 레시피 판매를 시도하였다. 그러나 3년 동안 문을 두드린 1,008곳의 식당으로부터 모두 거절을 당한다. 하지만 드디어 1,009번째 식당과 계약이 성사되면서 치킨 한 조각에 4센트의 로열티라는 계약을 하게 된다. 마침내 바로 KFC가 탄생한 것이다. 그가 개발한 KFC치킨 프랜차이즈 매장 앞에는 하얀 양복을 입은 그의 모습이 트레이드 마크가 되었다. 미국 전역을 돌아다니며 돈이 없어 어쩔 수 없이 여름용 하얀색 양복을 입고 다닌 커넬 샌더스는 여러 번의 실패를 겪었다. 청도 노동자, 모텔사업, 레스토랑, 소방관, 주유소 등 수많은 실패를 했다. 하지만 그는 이렇게 말했다. 멋진 생각을 가진 사람은 많다. 하지만 이것을 행동으로 옮기는 사람은 많지 않다. 나는 실패를 통하여 경험을 얻었고 더 잘할 수 있는 방법을 찾으려 애썼다. "훌륭한 생각을 하는 사람은 많지만 그것을 행동으로 옮기는 사람은 드물다. 나는 포기하지 않았다. 대신 무언가를 할 때마다 그 경험을 배우고 다음 번에는 더 잘할 수 있는 방법을 찾아냈다."

1008번째 계단을 딛고 얻은 성공은 정말 기쁜 순간이었겠지요?

## 과제

**다음 제시된 문장을 정중하고 매너 있는 화법으로 바꿔보세요.**

**문장 1)** 그 서류 좀 저한테 보내주세요.

↓

**문장 2)** 고객님, 금액 확인하세요.

↓

**문장 3)** 손님이 한두 분도 아닌데 저희 가 다 어떻게 파악해요.

↓

**문장 4)** 여기는 그쪽 담당이 아니에요. 담당자 연결할게요.

↓

# Service Communication

제 16 장

# 스피치 스킬

Service
Communication

# 스피치 스킬

## 1 스피치 실습

**나를 돌아보고 발표해 봅시다.**

커뮤니케이션을 잘하는 사람은
말을 잘하고 소통을 잘한다.
하지만 커뮤니케이션을 더 잘하는 사람은
상대방의 마음과 입장을 잘 이해한다.

나는 커뮤니케이션을 잘하고 있는가?

## 2 스피치

- 저는 사과를 정말 좋아합니다.
- 그래서 하루에 한 개씩 꼭 먹습니다.
- 피부도 정말 좋아졌다는 말을 들었습니다.
- 정말 사과는 건강 식품이지만 특히 피부에 좋다고 생각합니다.
- 여러분들의 건강과 확실히 좋아지는 피부를 위해 꼭 드시길 바랍니다.
- 사과를 꾸준히 먹는다면 분명 건강해질 수 있을 것이라 확신합니다.
- **스피치를 할 때 강조를 한다면 신뢰감을 줄 수 있다.**

## 3 스피치 끊어 말하기

- 저는/ 사과를 정말 좋아합니다.
- 그래서/ 하루에 한 개씩/ 꼭 먹습니다.
- 피부도/ 정말 좋아졌다는 말을/ 들었습니다.
- 정말 사과는/ 건강 식품이지만/ 특히 피부에 좋다고 생각합니다.

- 여러분들의 건강과/ 확실히 좋아지는 피부를 위해 /꼭 드시길 바랍니다.
- 사과를 꾸준히 먹는다면/ 분명 건강해질 수 있을 것이라 /확신합니다.
- **스피치를 할 때/ 끊어서 말을 하게 되면/ 전달력이 생기고/ 상대방이/ 편안하게 경청할 수 있다.**

## 4 스피치 끊고 강조하며 말하기

- 저는/ 사과를 정말 좋아합니다.(호흡)
- 그래서/ 하루에 한 개씩/ 꼭 먹습니다.(호흡)
- 피부도/ 정말 좋아졌다는 말을 들었습니다.(호흡)
- 정말 사과는/ 건강 식품이지만 특히 피부에 좋다고 생각합니다.(호흡)
- 여러분들의 건강과/ 확실히 좋아지는 피부를 위해/ 꼭 드시길 바랍니다.(호흡)
- 사과를 꾸준히 먹는다면/ 분명 건강해질 수 있을 것이라/ 확신합니다.(호흡)

스피치를 잘하는 사람은 말을 할 때 여유가 있습니다.

문장과 문장 사이에는 꼭 **호흡**을 하셔야 합니다.

**본인의 버킷리스트를 작성하고 발표해 봅시다.(10개)**

과제

## 본인의 버킷리스트 중 하나를 선택해서 스피치 해봅시다.

**나의 버킷리스트 한 가지**

**선택한 버킷리스트를 이루고 싶은 이유는 ?**

**선택한 버킷리스트는 나에게 어떤 의미인가?**

Service Communication

# 부 록

| 팀 빌딩을 위한 토론 주제 |

| 면접 기출문제 |

| 면접 준비를 위한 자기 완성 |

Service
Communication

# 부록

## 팀 빌딩을 위한 토론 주제

### » 외국항공사(토론 주제)

A 지금 면접관을 위해 요리한다면 어떤 요리를 할 것인지 2가지 상의하고 레시피를 토론하세요.

B 새로운 행성에 갈 때 가져가고 싶은 물건 10가지

C 룸메이트로 살고 싶은 동료의 나라, 살고 싶지 않은 동료의 나라(각각 5나라와 그 이유)

D 당신의 파티에 초대할 유명인 5명과 그 이유

E 장애아를 데리고 놀러갈 것임. 어디를 갈 것인가?

F 장애아들은 위한 생일파티 때 해줄 선물은?

G 면접관에게 선물할 향수 고르기(한 사람을 면접관으로 지정하여 질문 3개 가능, 팀 내 지정된 면접관이 발표)

H 영화 한 편을 만들려고 한다(어떤 영화를 만들 것인가?(배우, 시나리오, 역할 분담하기)

I 한국의 자랑스러운 점 5가지, 한국의 부끄러운 점 5가지

J 완벽한 파티를 위한 계획을 세워 보시오.

K 외국에 살아야 하는데 도하 또는 두바이 – 가져가고 싶은 것 10가지

L 심장 수술을 한 명만 받을 수 있는데 다음 중 누구를 살릴 것인가? 10살 천재 소녀, 수술 성공률 90% 이상인 48살 뇌수술 의사, 30살 임신 3개월의 임산부

M 친구를 위해 완벽한 웨딩 플랜을 세우세요.

N 요즘 가장 이슈가 되고 있는 것 중 주제를 한 가지 선택해 그것에 대해 토론하고 해결방안을 찾아라.

## 2 면접 기출문제

1 고객을 상대하면서 가장 중요하다고 생각하는 것은?

2 아르바이트나 대외 활동을 하면서 가장 뿌듯했던 일은?

3 까다로운 고객을 응대한 경험은?

4 본인이 원하는 직무가 아닌 다른 직무로 바뀐다면?

5 입사하면 하고 싶은 것이 무엇입니까?

6 생활 신조가 있다면 무엇입니까?

7 이 직무를 정말 잘할 수 있습니까?

8 언제부터 우리 회사에 입사하고 싶었습니까?

9 주변 친구들이 자신을 뭐라고 표현하는가?

10 지금 핸드폰에서 연락할 수 있는 사람은 몇 명 정도 되는가?

11 지방 근무를 할 수 있는가?(지원한 지역이 아닌 곳)

12 준비해온 자기소개 말고, 지금 새롭게 자기소개를 해보세요.

13 자신이 서비스직에 적합하다고 생각한 이유는 무엇인가?

14 지원하는 직무에 대해 설명해 보시오.

15 어려운 일을 극복한 경험을 말해보세요.

16 해외여행 경험에 대해 얘기해 보세요.

17 퇴근 후 약속장소로 가던 중 업무상 문제가 발생한 경우에 어떻게 할 것인가?

18 고객을 상대하면서 가장 중요하다고 생각하는 것은?

19 지원자가 결혼한다면 몇 명의 친구들을 결혼식에 부를 수 있는가?

20 도전을 세우고 그것을 달성했던 경험이 있습니까?

21 상사나 동료들이 없고 본인이 혼자 있을 때 아동들의 싸움이 벌어졌다. 어떻게 할 것인가?

22 직속 상사가 소심하고 소통도 싫어하고 혼자 있는 것을 좋아하는 사람이라면 어떻게 친해질 것인가?

23 만약 이 세상에 딱 5가지만 살아남아 있다면 어떤 것들이겠는가?

## 3 면접 준비를 위한 자기 완성

### » 버킷리스트 작성

**Bucket List 예1)**

나는 10년 안에 3개국(뉴질랜드 – 스카이다이빙, 프랑스 – 에펠탑 인증샷, 스페인 – 축구관람)에서 여행을 할 것이다.

**Bucket List 예2)**

나는 취업을 하면 한 달에 50만원씩 적금 3년을 넣고 만기 때 차를 살 것이다.

| 내가 꼭 이루고 싶은 7대 버킷리스트(Bucket List) |
| --- |
| 1 |
| 2 |
| 3 |
| 4 |
| 5 |
| 6 |
| 7 |

## » 미래 설계를 위한 질문

| 질문 | 답변 |
| --- | --- |
| 나의 좌우명 | |
| 고마운 사람 7명 | |
| 나의 최종의 목표 | |
| 행복의 기준은? | |
| 100만원 있다면? | |
| 나의 롤 모델 | |
| 좋아하는 선생님 | |
| 멋진 남자(여자)란? | |
| 여자(남자)친구 이상형 | |

## » 자신의 감사리스트 작성

**반복되는 일상 속에서 행복 찾기**

**순간순간 생활 속에서 행복 찾아보기**

**예)** 쉴 틈 없이 힘들었던 주말 아르바이트를 마치고 다리가 무척 아픈 상황에 밀리는 퇴근시간 지하철 안에서 자리가 생겨 앉을 수 있었던 그 순간

**예)** 한여름 격한 운동 후 숨이 턱까지 차고 온몸에 땀을 굉장히 흘린 후 마시는 시원한 아이스 아메리카노

1

2

3

4

5

## 취업 후 할 일들(첫 월급으로!!!)

| 질문 | 답변 | 금액 |
|---|---|---|
| 사고 싶은 물건 | | |
| 선물할 사람 & 선물 목록 | | |
| 저축 | | |
| 여행비용 | | |
| 맛집 | | |
| 기타 | | |

### » 면접 답변 준비를 위한 프로젝트 2

| 내가 생각하는 나~<br>나는 이런 점이 괜찮은 듯해요. & 나는 이런 점이 부족한 듯해요. (100% 중) | | | |
|---|---|---|---|
| 배려심 | % | 책임감 | % |
| 적극성 | % | 부지런함 | % |
| 자신감 | % | 예의 | % |
| 도전 | % | 인사성 | % |
| 열정 | % | 좋은 인상 | % |
| 용기 | % | 친화력 | % |
| 기타 | % | 다름 인정 능력 | % |

## » 면접 답변 준비를 위한 프로젝트 3

### 나를 변화시키기!!(호감 가는 남자와 여자)

| 호감 가는 남자의 기준 | 호감 가는 여자의 기준 |
| --- | --- |
| 매너 있는 남자란? | 매너 있는 여자란? |

## » 면접 답변 준비를 위한 프로젝트 4

### 나를 알기!! 내가 보는 나 & 남이 보는 나

| 내가 보는 나? | 남이 보는 나? |
| --- | --- |
| 1. | 1. |
| 2. | 2. |
| 3. | 3. |
| 4. | 4. |
| 5. | 5. |
| 6. | 6. |
| 7. | 7. |
| 8. | 8. |
| 9. | 9. |
| 10. | 10. |
| 11. | 11. |
| 12. | 12. |

## » 나의 다짐

**내가 변해야 할 일들 & 행동으로 옮겨야 될 일들을 작성하시오.**

세상을 아름답게 바라보면
세상이 아름다워진다.

상대방에게 아름답다고 말하는 사람은
그 사람이 아름다운 사람이기 때문이다.

내적이든 외적이든 아름다운 사람만이 상대방에게 "아름답다"라는
단어를 사용할 수 있다.

매일 나 자신을 그리고 상대방을 칭찬하라.
칭찬이란 연어의 귀소본능과 같다.
내 입에서 나온 칭찬은 던지면 다시 돌아오는 부메랑처럼
다시 나한테 돌아온다.
그것이 바로 칭찬이라는
생명력 있는 에너지이다.

장애물이 싫어서 멈춰 있다면
일단 장애물에 걸려 넘어지는 일부터 해라.
그 넘어지는 일이 바로 경험이다.
경험이라는 재산이 있어야 성장하고
나의 꿈으로 향하는 길임을 기억하라.

– 강선아, 홍지숙 –

# PROFILE

## 강선아

Voice Therapist
스피치 & 보이스 트레이닝 전문가
기업체 CS 강사
삼성라이온스 CS, 교통안전공단 CS, 미군부대 캠프캐롤 리더십 강의 외

현) 수성대학교 호텔항공관광과 외래교수
씽씽차이나 글로벌 서비스인재 양성센터 CS연구 원장
라플라잇 승무원학원 원장
전) 김포공항 근무
연극배우, 연출가 활동, 연극놀이(교육연극) 강사
재능대학교 아동보육과, 경인여자대학교 유아교육과 외 아동극 연출

**〈수상〉**
2017/05 아시아파워리더십 대상(서비스교육)
2016/12 한국문예지도자상(서비스교육, 인성교육)

## 김애경

세종대학교 호텔관광경영학 석사, 박사
기업체 CS 및 대학교 취업캠프 강사
리더십, 비즈니스 커뮤니케이션, 직장인 서비스관리, 이미지 컨설팅, 국제비즈니스매너 강의 외

현) 컨설팅 유담 대표
세종대학교 호텔외식관광프랜차이즈경영학과 외래교수
(사)한국호텔관광학회 학술이사
전) 세종대학교 산학협력단 호텔관광과 전임연구원
세종대학교 호텔관광과 박사후연구원
서비스쉬프트 관광콘텐츠 디렉터 및 부대표
한국서비스품질연구원 부원장

**〈수상〉**
2013 한국연구재단 우수논문지원사업 우수논문상 수상
2016 선문대학교 시간강사 우수강의평가자 수상

## 홍지숙

계명대학교 신문방송학 학사
계명대학교 관광경영학 경영학 석사, 박사
대한항공 객실승무원
㈜앤씨인재개발교육원 취업지원팀
더아이엠씨 빅데이터 객원연구원
IATA Airline Cabin Crew Training 자격

현) 경일대학교 항공서비스학과 교수
(사)대한관광경영학회 학술이사
한국부패학회 상임이사

**〈수상〉**
2015 한국관광학회 우수논문상 수상

저자와의
협의하에
인지첩부
생략

서비스 커뮤니케이션

2021년 1월 15일 초판 1쇄 발행
2024년 1월 30일 초판 3쇄 발행

**지은이** 강선아 · 홍지숙 · 김애경
**펴낸이** 진욱상
**펴낸곳** (주)백산출판사
**교 정** 박시내
**본문디자인** 신화정
**표지디자인** 오정은

**등 록** 2017년 5월 29일 제406-2017-000058호
**주 소** 경기도 파주시 회동길 370(백산빌딩 3층)
**전 화** 02-914-1621(代)
**팩 스** 031 955-9911
**이메일** edit@ibaeksan.kr
**홈페이지** www.ibaeksan.kr

ISBN 979-11-6567-222-5 13190
**값 22,000원**